AU-DELÀ DU PRINCIPE DE PLAISIR

SIGMUND FREUD

Traduction par
SAMUEL JANKÉLÉVITCH

ALICIA ÉDITIONS

TABLE DES MATIÈRES

CHAPITRE I

LE PRINCIPE DU PLAISIR

La théorie psychanalytique admet sans réserves que l'évolution des processus psychiques est régie par le principe du plaisir. Autrement dit, nous croyons, en tant que psychanalystes, qu'elle est déclenchée chaque fois par une tension désagréable ou pénible et qu'elle s'effectue de façon à aboutir à une diminution de cette tension, c'est-à-dire à la substitution d'un état agréable à un état pénible. Cela équivaut à dire que nous introduisons, dans la considération des processus psychiques que nous étudions, le point de vue économique, et nous pensons qu'une description qui tient compte, en même temps que du côté topique et dynamique des processus psychiques, du facteur économique, représente la description la plus complète à laquelle nous puissions prétendre actuellement et mérite d'être qualifiée de *métapsychologique.*

Peu nous importe de savoir si, en établissant le principe du plaisir, nous nous rapprochons de tel ou tel système philosophique déterminé, consacré par l'histoire.

C'est en cherchant à décrire et à expliquer les faits de notre observation journalière que nous en arrivons à formuler de pareilles hypothèses spéculatives. Nous ne visons, dans notre travail psychanalytique, ni à la priorité ni à l'originalité et, d'autre part, les raisons qui nous incitent à poser le principe en question sont tellement évidentes qu'il n'est guère possible de ne pas les apercevoir. Nous dirons cependant que nous ne marchanderions pas notre gratitude à toute théorie philosophique ou psychologique qui saurait nous dire ce que signifient exactement les sensations de plaisir et de déplaisir qui exercent sur nous une action si impérative. Il s'agit là de la région la plus obscure et la plus inaccessible de la vie psychique et, comme nous ne pouvons pas nous soustraire à son appel, nous pensons que ce que nous pouvons faire de mieux, c'est de formuler à son sujet une hypothèse aussi vague et générale que possible. Aussi nous sommes-nous décidés à établir entre le plaisir et le déplaisir, d'une part, la quantité d'énergie (non liée) que comporte la vie psychique, d'autre part, certains rapports, en admettant que le déplaisir correspond à une augmentation, le plaisir à une diminution de cette quantité d'énergie. Ces rapports, nous ne les concevons pas sous la forme d'une simple corrélation entre l'intensité des sensations et les modifications auxquelles on les rattache, et encore moins pensons-nous (car toutes nos expériences de psycho-physiologie s'y opposent) à la proportionnalité directe ; il est probable que ce qui constitue le facteur décisif de la sensation, c'est le degré de diminution ou d'augmentation de la quantité d'énergie dans une fraction de temps donnée. Sous ce rapport, l'expérience pourrait nous fournir des données utiles, mais le psychanalyste doit se garder de se risquer dans ces problèmes, tant qu'il n'aura pas à sa disposition des observations certaines et définies, susceptibles de le guider.

Nous ne pouvons cependant pas demeurer indifférents devant le fait qu'un savant aussi pénétrant que G. Th. Fechner concevait le plaisir et le déplaisir d'une manière qui, dans ses traits essentiels, se rapproche de celle qui se dégage de nos recherches psychanalytiques. Dans son opuscule : *Einige Ideen zur Schöpfungs-und Entwicklungsgeschichte der Organismen* (1873, Section XI, appendice, p. 94) il a formulé sa conception de la manière suivante : « Étant donné que les impulsions conscientes sont toujours accompagnées de plaisir ou de déplaisir, nous pouvons fort bien admettre qu'il existe également des rapports psycho-physiques entre le plaisir et le déplaisir, d'une part, et des états de stabilité et d'instabilité, d'autre part, et nous prévaloir de ces rapports en faveur de l'hypothèse que nous développerons ailleurs, à savoir que tout mouvement psychophysique dépassant le seuil de la conscience est accompagné de plaisir pour autant qu'il se rapproche de la stabilité complète, au-delà d'une certaine limite, et est accompagné de déplaisir pour autant qu'il se rapproche de l'instabilité complète, toujours au-delà d'une certaine limite, une certaine zone d'indifférence existant entre les deux limites, qui peuvent être considérées comme les seuls qualificatifs du plaisir et du déplaisir... »

Les faits qui nous font assigner au principe du plaisir un rôle dominant dans la vie psychique trouvent leur expression dans l'hypothèse d'après laquelle l'appareil psychique aurait une tendance à maintenir à un étiage aussi bas que possible ou, tout au moins, à un niveau aussi constant que possible la quantité d'excitation qu'il contient. C'est le principe du plaisir formulé dans des termes un peu différents, car, si l'appareil psychique cherche à maintenir sa quantité d'excitation à un niveau aussi bas que possible, il en résulte que tout ce qui est susceptible d'augmenter cette quantité ne peut être éprouvé que comme anti-fonctionnel, c'est-à-dire comme une sensation désagréable. Le principe du plaisir se laisse ainsi déduire du principe de la constance ; en réalité, le principe de la constance lui-même nous a été révélé par les faits mêmes qui nous ont imposé le principe du plaisir. La discussion ultérieure nous montrera que la tendance de l'appareil psychique, dont il s'agit ici, représente un cas spécial du principe de Fechner, c'est-à-dire de la tendance à la stabilité à laquelle il rattache les sensations de plaisir et de déplaisir.

Mais est-il bien exact de parler du rôle prédominant du principe du plaisir dans l'évolution des processus psychiques ? S'il en était ainsi, l'énorme majorité de nos processus psychiques devraient être accompagnés de plaisir ou conduire au plaisir, alors que la plupart de nos expériences sont en contradiction flagrante avec cette conclusion. Aussi sommes-nous obligés d'admettre qu'une forte tendance à se conformer au principe du plaisir est inhérente à l'âme, mais que certaines forces et circonstances s'opposent à cette tendance, si bien que le résultat final peut bien n'être pas toujours conforme au principe du plaisir. Voici ce que dit à ce propos Fechner [1] : « Mais la tendance au but ne signifie pas toujours la réalisation du but, cette réalisation ne pouvant, en général, s'opérer que par des approximations. » En abordant la question de savoir quelles sont les circonstances susceptibles d'empêcher la réalisation du principe du plaisir, nous nous retrouvons sur un terrain sûr et connu et pouvons faire un large appel à nos expériences psychanalytiques.

Le premier obstacle auquel se heurte le principe du plaisir nous est connu depuis longtemps comme un obstacle pour ainsi dire normal et régulier. Nous savons notamment que notre appareil psychique cherche tout naturellement, et en vertu de sa constitution même, à se conformer au principe du plaisir, mais qu'en présence des difficultés ayant leur source dans le monde extérieur, son affirmation pure et simple, et en toutes circonstances, se révèle comme impossible, comme dangereuse même pour la conservation de l'organisme. Sous l'influence de l'instinct de conservation du moi, le principe du plaisir s'efface et cède la place au principe de la réalité qui fait que, sans renoncer au but final que constitue le plaisir, nous consentons à en différer la réalisation, à ne pas profiter de certaines possibilités qui s'offrent à nous de hâter celle-ci, à supporter même, à la faveur du long détour que nous empruntons pour arriver au plaisir, un déplaisir momentané. Les impulsions sexuelles cependant, plus difficilement « éducables », continuent encore pendant longtemps à se conformer uniquement au principe du plaisir, et il arrive souvent que celui-ci, se manifestant d'une façon exclusive soit dans la vie sexuelle, soit dans le *moi* lui-même, finit par l'emporter totalement sur le principe de la réalité, et cela pour le plus grand dommage de l'organisme tout entier.

Il est cependant incontestable que la substitution du principe de la réalité au principe du plaisir n'explique qu'une petite partie de nos sensations pénibles et seulement les sensations les moins intenses. Une autre source, non moins régulière, de sensations désagréables et pénibles est représentée par les conflits et les divisions qui se produisent dans la vie psychique, à l'époque où le moi accomplit son évolution vers des organisations plus élevées et plus cohérentes. On peut dire que presque toute l'énergie dont dispose l'appareil psychique provient des impulsions qui lui sont congénitalement inhérentes, mais il n'est pas donné à toutes ces impulsions d'atteindre le même degré d'évolution. Il se trouve, au cours de celle-ci, que certaines impulsions ou certains côtés de certaines impulsions se montrent incompatibles, quant à leurs fins et à leurs tendances, avec les autres, c'est-à-dire avec celles dont la réunion, la synthèse doit former la personnalité complète, achevée. À la faveur du refoulement, ces tendances se trouvent éliminées de l'ensemble, ne sont pas admises à participer à la synthèse, sont maintenues à des niveaux inférieurs de l'évolution psychique, se voient tout d'abord refuser toute possibilité de satisfaction. Mais elles réussissent quelquefois (et c'est le plus souvent le cas des impulsions sexuelles refoulées) à obtenir malgré tout une satisfaction, soit directe, soit substitutive : il arrive alors que cette éventualité qui, dans d'autres circonstances, serait une source de plaisir, devient pour l'organisme une source de déplaisirs. À la suite de l'ancien conflit qui avait abouti au refoulement, le principe du plaisir cherche à s'affirmer de nouveau par des voies détournées, pendant que certaines impulsions s'efforcent précisément à le faire triompher à leur profit, en attirant vers elles la plus grande somme de plaisir possible. Les détails du processus à la faveur duquel le refoulement transforme une possibilité de plaisir en une source de déplaisir ne sont pas encore bien compris ou ne se laissent pas encore décrire avec une clarté suffisante, mais il est certain que toute sensation de déplaisir, de nature névrotique, n'est au fond qu'un plaisir qui n'est pas éprouvé comme tel.

Nous sommes loin d'avoir épuisé toutes les sources de la plupart de nos expériences psychiques désagréables ou pénibles, mais s'il en existe d'autres, nous pouvons, non sans quelque apparence de raison, admettre que leur existence n'infirme en rien la prédominance du principe du plaisir. La plupart des sensations pénibles que nous éprouvons sont occasionnées, en effet, soit par la pression exercée par des impulsions insatisfaites, soit par des facteurs extérieurs, qui tantôt éveillent en nous des sensations désagréables en soi, tantôt font surgir dans notre appareil psychique des attentes pénibles, une sensation de « danger ». La réaction à cette pression des impulsions insatisfaites et à ces menaces de danger, réaction par laquelle s'exprime l'activité propre de l'appareil psychique, peut fort bien s'effectuer sous l'influence du principe du plaisir, soit tel quel, soit modifié par le principe de la réalité. Il ne semble donc pas nécessaire d'admettre une nouvelle limitation du principe du plaisir, et cependant l'examen des réactions psychiques au danger extérieur est de nature à nous fournir de nouveaux matériaux et de nous révéler de nouvelles manières de poser des questions, en rapport avec le problème qui nous intéresse.

1. *Op. cit.*, p. 90.

CHAPITRE 2

PRINCIPE DU PLAISIR ET NÉVROSE TRAUMATIQUE. PRINCIPE DU PLAISIR ET JEUX D'ENFANTS

À la suite de graves commotions mécaniques, de catastrophes de chemin de fer et d'autres accidents impliquant un danger pour la vie, on voit survenir un état qui a été décrit depuis longtemps sous le nom de « névrose traumatique ». La guerre terrible, qui vient de prendre fin, a engendré un grand nombre d'affections de ce genre et a, tout au moins, montré l'inanité des tentatives consistant à rattacher ces affections à des lésions organiques du système nerveux, qui seraient elles-mêmes consécutives à des violences mécaniques [1]. Le tableau de la névrose traumatique se rapproche de celui de l'hystérie par sa richesse en symptômes moteurs, mais s'en distingue généralement par les signes très nets de souffrance subjective, comme dans les cas de mélancolie ou d'hypocondrie, et par un affaiblissement et une désorganisation très prononcés de presque toutes les fonctions psychiques. Jusqu'à ce jour, on n'a pas réussi à se faire une notion bien exacte, tant des névroses de guerre que des névroses traumatiques du temps de paix. Ce qui, dans les névroses de guerre, semblait à la fois éclaircir et embrouiller la situation, c'était le fait que le même tableau morbide pouvait, à l'occasion, se produire en dehors de toute violence mécanique brutale. Quant à la névrose traumatique commune, elle offre deux traits susceptibles de nous servir de guides, à savoir que la surprise, la frayeur semblent jouer un rôle de premier ordre dans le déterminisme de cette névrose et que celle-ci paraît incompatible avec l'existence simultanée d'une lésion ou d'une blessure. On considère généralement les mots *frayeur, peur, angoisse* comme des synonymes. En quoi on a tort, car rien n'est plus facile que de les différencier, lorsqu'on les considère dans leurs rapports avec un danger. L'angoisse est un état qu'on peut caractériser comme un état d'attente de danger, de préparation au danger, connu ou inconnu ; la peur suppose un objet déterminé en présence duquel on éprouve ce sentiment ; quant à la frayeur, elle représente un état que provoque un danger actuel, auquel on n'était pas préparé : ce qui la caractérise principalement, c'est la surprise. Je ne crois pas que l'angoisse soit susceptible de provoquer une névrose traumatique ; il y a dans l'angoisse quelque chose qui protège contre la frayeur et contre la névrose qu'elle provoque. Mais c'est là un point sur lequel nous aurions encore à revenir.

L'étude du rêve peut être considérée comme le moyen d'exploration le plus sûr des processus psychiques profonds. Or, les rêves des malades atteints de névrose traumatique sont caractérisés par le fait que le sujet se trouve constamment ramené à la situation constituée par l'accident et se réveille chaque fois avec une nouvelle frayeur. On ne s'étonne pas assez de ce fait. On y voit une preuve de l'intensité de l'impression produite par l'accident traumatique, cette impression, dit-on, ayant été tellement forte qu'elle revient au malade même pendant le sommeil. Il y aurait, pour ainsi dire, fixation psychique du malade au traumatisme. Or, ces fixations à l'événement traumatique qui a provoqué la maladie nous sont connues depuis longtemps, en ce qui concerne l'hystérie. Breuer et Freud ont formulé dès 1893 cette proposition : « les hystériques souffrent principalement de réminiscences ». Et dans les névroses de guerre, des observateurs comme

Ferenczi et Simmel ont cru pouvoir expliquer certains symptômes moteurs par la fixation au traumatisme.

Or, je ne sache pas que les malades atteints de névrose traumatique soient beaucoup préoccupés dans leur vie éveillée par le souvenir de leur accident. Ils s'efforcent plutôt de ne pas y penser. En admettant comme une chose allant de soi que le rêve nocturne les replace dans la situation génératrice de la maladie, on méconnaît la nature du rêve. Il serait plus conforme à cette nature que les rêves de ces malades se composent de tableaux remontant à l'époque où ils étaient bien portants ou se rattachant à leur espoir de guérison. Si, malgré la qualité des rêves qui accompagnent la névrose traumatique, nous voulons maintenir, comme seule correspondant à la réalité des faits, la conception d'après laquelle la tendance prédominante des rêves serait celle qui a pour objet la réalisation de désirs, il ne nous reste qu'à admettre que dans cet état la fonction du rêve a subi, comme beaucoup d'autres fonctions, une grave perturbation, qu'elle a été détournée de son but ; ou bien nous devrions appeler à la rescousse les mystérieuses tendances masochistes.

Je propose donc de laisser de côté l'obscure et nébuleuse question de la névrose traumatique et d'étudier la manière dont travaille l'appareil psychique, en s'acquittant d'une de ses tâches normales et précoces : il s'agit des jeux des enfants.

Les différentes théories relatives aux jeux des enfants ont été récemment exposées et examinées au point de vue analytique par S. Pfeifer dans *Imago* (V, 4), et je ne puis que renvoyer les lecteurs à ce travail. Ces théories s'efforcent de découvrir les mobiles qui président aux jeux des enfants, sans mettre au premier plan le point de vue économique, de considération en rapport avec la recherche du plaisir. Sans m'attacher à embrasser l'ensemble de tous ces phénomènes, j'ai profité d'une occasion qui s'était offerte à moi, pour étudier les démarches d'un garçon âgé de 18 mois, au cours de son premier jeu, qui était de sa propre invention. Il s'agit là de quelque chose de plus qu'une rapide observation, car j'ai, pendant plusieurs semaines, vécu sous le même toit que cet enfant et ses parents, et il s'est passé pas mal de temps avant que j'eusse deviné le sens de ses démarches mystérieuses et sans cesse répétées.

L'enfant ne présentait aucune précocité au point de vue intellectuel ; âgé de 18 mois, il ne prononçait que quelques rares paroles compréhensibles et émettait un certain nombre de sons significatifs que son entourage comprenait parfaitement ; ses rapports avec les parents et la seule domestique de la maison étaient excellents, et tout le monde louait son « gentil » caractère. Il ne dérangeait pas ses parents la nuit, obéissait consciencieusement à l'interdiction de toucher à certains objets ou d'entrer dans certaines pièces et, surtout, il ne pleurait jamais pendant les absences de sa mère, absences qui duraient parfois des heures, bien qu'il lui fût très attaché, parce qu'elle l'a non seulement nourri au sein, mais l'a élevé et soigné seule, sans aucune aide étrangère. Cet excellent enfant avait cependant l'habitude d'envoyer tous les petits objets qui lui tombaient sous la main dans le coin d'une pièce, sous un lit, etc., et ce n'était pas un travail facile que de rechercher ensuite et de réunir tout cet attirail du jeu. En jetant loin de lui les objets, il prononçait, avec un air d'intérêt et de satisfaction, le son prolongé o-o-o-o qui, d'après les jugements concordants de la mère et de l'observateur, n'était nullement une interjection, mais signifiait le mot « Fort » (loin). Je me suis finalement aperçu que c'était là un jeu et que l'enfant n'utilisait ses jouets que pour « les jeter au loin ». Un jour je fis une observation qui confirma ma manière de voir. L'enfant avait une bobine de bois, entourée d'une ficelle. Pas une seule fois l'idée ne lui était venue de traîner cette bobine derrière lui, c'est-à-dire de jouer avec elle à la voiture ; mais tout en maintenant le fil, il lançait la bobine avec beaucoup d'adresse par-dessus le bord de son lit entouré d'un rideau, où elle disparaissait. Il prononçait alors son invariable o-o-o-o, retirait la bobine du lit et la saluait cette fois par un joyeux « Da ! » (« Voilà ! »). Tel était le jeu complet, comportant une disparition et une réapparition, mais dont on ne voyait généralement que le premier acte, lequel était répété inlassablement, bien qu'il fût évident que c'est le deuxième acte qui procurait à l'enfant le plus de plaisir [2].

L'interprétation du jeu fut alors facile. Le grand effort que l'enfant s'imposait avait la signification d'un renoncement à un penchant (à la satisfaction d'un penchant) et lui permettait de supporter sans protestation le départ et l'absence de la mère. L'enfant se dédommageait pour ainsi dire de ce départ et de cette absence, en reproduisant, avec les objets qu'il avait sous la main, la scène de la disparition et de la réapparition. La valeur affective de ce jeu est naturellement indépendante du fait de savoir si l'enfant l'a inventé lui-même ou s'il lui a été suggéré par quelqu'un ou quelque chose. Ce qui nous intéresse, c'est un autre point. Il est certain que le départ de la mère n'était pas pour l'enfant un fait agréable ou, même, indifférent. Comment alors concilier avec le principe du plaisir le fait qu'en jouant il reproduisait cet événement pour lui pénible ? On dirait peut-être que si l'enfant transformait en un jeu le départ, c'était parce que celui-ci précédait toujours et nécessairement le joyeux retour qui devait être le véritable objet du jeu ? Mais cette explication ne s'accorde guère avec l'observation, car le premier acte, le départ, formait un jeu indépendant et que l'enfant reproduisait cette scène beaucoup plus souvent que celle du retour, et en dehors d'elle.

L'analyse d'un cas de ce genre ne fournit guère les éléments d'une conclusion décisive. Une observation exempte de parti-pris laisse l'impression que si l'enfant a fait de l'événement qui nous intéresse l'objet d'un jeu, ç'a été pour d'autres raisons. Il se trouvait devant cet événement dans une attitude passive, le subissait pour ainsi dire ; et voilà qu'il assume un rôle actif, en le reproduisant sous la forme d'un jeu, malgré son caractère désagréable. On pourrait dire que l'enfant cherchait ainsi à satisfaire un penchant à la domination, lequel aurait tendu à s'affirmer indépendamment du caractère agréable ou désagréable du souvenir. Mais on peut encore essayer une autre interprétation. Le fait de rejeter un objet, de façon à le faire disparaître, pouvait servir à la satisfaction d'une impulsion de vengeance à l'égard de la mère et signifier à peu près ceci : « Oui, oui, va-t'en, je n'ai pas besoin de toi ; je te renvoie moi-même. » Le même enfant, dont j'ai observé le premier jeu, alors qu'il était âgé de 18 mois, avait l'habitude, à l'âge de deux ans et demi, de jeter par terre un jouet dont il était mécontent, en disant : « Va-t'en à la guerre ! » On lui avait raconté alors que le père était absent, parce qu'il était à la guerre ; il ne manifestait d'ailleurs pas le moindre désir de voir le père, mais montrait, par des indices dont la signification était évidente, qu'il n'entendait pas être troublé dans la possession unique de la mère [3]. Nous savons d'ailleurs que les enfants expriment souvent des impulsions hostiles analogues en rejetant des objets qui, à leurs yeux, symbolisent certaines personnes [4]. Il est donc permis de se demander si la tendance à s'assimiler psychiquement un événement impressionnant, à s'en rendre complètement maître peut se manifester par elle-même et indépendamment du principe du plaisir. Si, dans le cas dont nous nous occupons, l'enfant reproduisait dans le jeu une impression pénible, c'était peut-être parce qu'il voyait dans cette reproduction, source de plaisir indirecte, le moyen d'obtenir un autre plaisir, mais plus direct.

De quelque manière que nous étudiions les jeux des enfants, nous n'obtenons aucune donnée certaine qui nous permette de nous décider entre ces deux manières de voir. On voit les enfants reproduire dans leurs jeux tout ce qui les a impressionnés dans la vie, par une sorte d'abréaction contre l'intensité de l'impression dont ils cherchent pour ainsi dire à se rendre maîtres. Mais il est, d'autre part, assez évident que tous leurs jeux sont conditionnés par un désir qui, à leur âge, joue un rôle prédominant : le désir d'être grands et de pouvoir se comporter comme les grands. On constate également que le caractère désagréable d'un événement n'est pas incompatible avec sa transformation en un objet de jeu, avec sa reproduction scénique. Que le médecin ait examiné la gorge de l'enfant ou ait fait subir à celui-ci une petite opération : ce sont là des souvenirs pénibles que l'enfant ne manquera cependant pas d'évoquer dans son prochain jeu ; mais on voit fort bien quel plaisir peut se mêler à cette reproduction et de quelle source il peut provenir : en substituant l'activité du jeu à la passivité avec laquelle il avait subi l'événement pénible, il inflige à un camarade de jeu les souffrances dont il avait été victime lui-même et exerce ainsi sur la personne de celui-ci la vengeance qu'il ne peut exercer sur la personne du médecin.

Quoi qu'il en soit, il ressort de ces considérations qu'expliquer le jeu par un instinct d'imitation, c'est formuler une hypothèse inutile. Ajoutons encore qu'à la différence de ce qui se passe dans les jeux des enfants, le jeu et l'imitation artistiques auxquels se livrent les adultes visent directement la personne du spectateur en cherchant à lui communiquer, comme dans la tragédie, des impressions souvent douloureuses qui sont cependant une source de jouissances élevées. Nous constatons ainsi que, malgré la domination du principe du plaisir, le côté pénible et désagréable des événements trouve encore des voies et moyens suffisants pour s'imposer au souvenir et devenir un objet d'élaboration psychique. Ces cas et situations, susceptibles d'avoir pour résultat final un accroissement de plaisir, sont de nature à former l'objet d'étude d'une esthétique guidée par le point de vue économique ; mais étant donné le but que nous poursuivons, ils ne présentent pour nous aucun intérêt, car ils présupposent l'existence et la prédominance du plaisir et ne nous apprennent rien sur les manifestations possibles de tendances situées au-delà de ce principe, c'est-à-dire de tendances indépendantes de lui et, peut-être, plus primitives que lui.

---

1. Voir Zur *Psychoan zlyse der Kriegsneurosen.* En collaboration avec Ferenczi, Abraham, Simmel et E. Jones. Vol. 1 de « Internationale Psychoanalytische Bibliothek », 1919.
2. L'observation ultérieure confirma pleinement cette Interprétation. Un jour, la mère rentrant à la maison après une absence de plusieurs heures, fut saluée par

l'exclamation : « Bébé o-o-o-o » qui tout d'abord parut inintelligible. Mais on ne tarda pas à s'apercevoir que pendant cette longue absence de la mère l'enfant avait trouvé le moyen de se faire disparaître lui-même. Ayant aperçu son image dans une grande glace qui touchait presque le parquet, il s'était accroupi, ce qui avait fait disparaître l'image.

3. L'enfant a perdu sa mère alors qu'il était âgé de 5 ans et 9 mois. Cette fois, la mère étant réellement partie au loin (o-o-o), l'enfant ne manifestait pas le moindre chagrin. Entre-temps, d'ailleurs, un autre enfant était né qui l'avait rendu excessivement jaloux.
4. Voir *Eine Kindheitserinnerung aus « Dichtung undWahreit* D.Imago »,V/4, « Sammlung Kleiner Schriften zur Neurosenlehre », IVe Série.

CHAPITRE 3

PRINCIPE DU PLAISIR ET TRANSFERT AFFECTIF

Vingt-cinq années de travail intensif ont eu pour conséquence d'assigner à la technique psychanalytique des buts immédiats qui diffèrent totalement de ceux du début. Au début, en effet, toute l'ambition du médecin-analyste devait se borner à mettre au jour ce qui était caché dans l'inconscient du malade et, après avoir établi une cohésion entre tous les éléments inconscients ainsi découverts, à en faire part au malade au moment voulu. La psychanalyse était avant tout un art d'interprétation. Mais, comme cet art était impuissant à résoudre le problème thérapeutique, on recourut à un autre moyen qui consistait à obtenir du malade une confirmation de la construction dégagée par le travail analytique, en le poussant à faire appel à ses souvenirs. Dans ces efforts, on se heurta avant tout aux résistances du malade ; l'art consista alors à découvrir ces résistances aussi rapidement que possible et, usant de l'influence purement inter-humaine (de la suggestion agissant en qualité de « transfert »), à le décider à abandonner ces résistances.

Plus on avançait cependant dans cette voie, plus on se rendait compte de l'impossibilité d'atteindre pleinement le but qu'on poursuivait et qui consistait à amener à la conscience l'inconscient. Le malade ne peut pas se souvenir de tout ce qui est refoulé ; le plus souvent, c'est l'essentiel même qui lui échappe, de sorte qu'il est impossible de le convaincre de l'exactitude de la construction qu'on lui présente. Il est obligé, pour acquérir cette conviction, de *revivre* dans le présent les événements refoulés, et non de s'en souvenir, ainsi que le veut le médecin, comme faisant partie du passé [1]. Ces événements revécus, reproduits avec une fidélité souvent indésirée, se rapportent toujours en partie à la vie sexuelle infantile, et notamment au complexe d'Oedipe et aux faits qui s'y rattachent, et se déroulent toujours dans le domaine du transfert, c'est-à-dire des rapports avec le médecin. Quand on a pu pousser le traitement jusqu'à ce point, on peut dire que la névrose antérieure a fait place à une nouvelle névrose, à une névrose de transfert. Le médecin s'était efforcé de limiter autant que possible le domaine de cette névrose de transfert, de transformer le plus d'éléments possible en simples souvenirs et d'en laisser le moins possible devenir des objets de reproduction, d'être revécus dans le présent. Le rapport qui s'établit ainsi entre la reproduction et le souvenir varie d'un cas à l'autre. D'une façon générale, le médecin ne peut pas épargner au malade cette phase du traitement ; il est obligé de le laisser revivre une partie de sa vie oubliée et doit seulement veiller à ce que le malade conserve un certain degré de sereine supériorité qui lui permette de constater, malgré tout, que la réalité de ce qu'il revit et reproduit n'est qu'apparente et ne fait que refléter un passé oublié. Lorsqu'on réussit dans cette tâche, on finit par obtenir la conviction du malade et le succès thérapeutique dont cette conviction est la première condition.

Si l'on veut bien comprendre cette obsession qui se manifeste au cours du traitement psychanalytique et qui pousse le malade à reproduire, à revivre le passé, comme s'il faisait partie du présent, on doit tout d'abord s'affranchir de l'erreur d'après laquelle les résistances qu'on a à combattre proviendraient de l'« inconscient ». L'inconscient, c'est-à-dire le « refoulé », n'oppose aux efforts du traitement aucune résistance ; il cherche, au contraire, à secouer la pression qu'il subit, à se frayer le chemin vers la conscience ou à se décharger par une action réelle. La résistance qui se manifeste au cours du traitement a pour source les mêmes couches et systèmes supérieurs de la vie psychique que ceux et celles qui, précédemment, avaient déterminé le refoulement. Mais comme l'observation nous montre que les mobiles des résistances, et les résistances elles-mêmes, commencent par être inconscients au cours du traitement, nous sommes obligés d'apporter à notre manière de nous exprimer certaines corrections. Pour éviter toute obscurité et toute équivoque, nous ferons bien notamment de substituer à l'opposition entre le conscient et l'inconscient l'opposition entre le moi cohérent et les éléments *refoulés.* Il est certain que beaucoup d'éléments du *moi* sont eux-mêmes inconscients, et ce sont précisément les éléments qu'on peut considérer comme formant le noyau du *moi* et dont quelques-uns seulement rentrent dans la catégorie de ce que nous appelons le *préconscient.* Après avoir ainsi substitué à une terminologie purement descriptive une terminologie systématique ou dynamique, nous pouvons dire que la résistance des malades analysés émane de leur *moi*, et nous voyons aussitôt que la tendance à la reproduction ne peut être inhérente qu'à ce qui est refoulé dans l'inconscient. Il est probable que cette tendance ne peut se manifester qu'après que le travail thérapeutique a réussi à mobiliser les éléments refoulés [2].

Il est hors de doute que la résistance opposée par l'inconscient et le préconscient se trouve au service du principe du plaisir, qu'elle est destinée à épargner au malade le déplaisir que pourrait lui causer la mise en liberté de ce qui se trouve chez lui à l'état refoulé. Aussi tous nos efforts doivent-ils tendre à rendre le malade accessible à ce déplaisir, en faisant appel au principe de la réalité. Mais quels sont les rapports existant entre le principe du plaisir et de la tendance à la reproduction, autrement dit entre le principe du plaisir et la manifestation dynamique des éléments refoulés ? Il est évident que la plus grande partie de ce qui est revécu à la faveur de la tendance à la reproduction ne peut qu'être de nature désagréable ou pénible pour le moi, puisqu'il s'agit somme toute de manifestations de penchants réprimés. Mais c'est là un déplaisir dont nous connaissons déjà la qualité et la valeur, dont nous savons qu'il n'est pas en contradiction avec le principe du plaisir, puisque, déplaisir pour un système, il signifie satisfaction pour l'autre. Mais le fait curieux dont nous avons à nous occuper maintenant consiste en ce que la tendance à la reproduction fait surgir et revivre même des événements passés qui n'impliquent pas la moindre possibilité de plaisir, des événements qui, même dans le passé et même pour les penchants ayant subi depuis lors une répression, ne comportaient pas la moindre satisfaction.

L'épanouissement précoce de la vie sexuelle infantile devait avoir une très courte durée, en raison de l'incompatibilité des désirs qu'il comportait avec la réalité et avec le degré de développement insuffisant que présente la vie infantile. Cette crise s'est accomplie dans les circonstances les plus pénibles et était accompagnée de sensations des plus douloureuses. L'amour manqué, les échecs amoureux ont infligé une mortification profonde au sentiment de dignité, ont laissé au sujet une sorte de cicatrice narcissique et constituent, d'après mes propres observations et celles de Marcinowski [3], une des causes les plus puissantes du « sentiment d'infériorité », si fréquent chez les névrotiques. L'exploration sexuelle, à laquelle le développement corporel de l'enfant a mis un terme, ne lui a apporté aucune conclusion satisfaisante ; d'où ses doléances ultérieures : « Je suis incapable d'aboutir à quoi que ce soit, rien ne me réussit. » L'attachement, tout de tendresse, qui le liait le plus souvent au parent du sexe opposé au sien, n'a pas pu résister à la déception, à la vaine attente de satisfaction, à la jalousie causée par la naissance d'un nouvel enfant, cette naissance étant une preuve évidente de l'infidélité de l'aimé ou de l'aimée ; sa propre tentative, tragiquement sérieuse, de donner lui-même naissance à un enfant a échoué piteusement ; la diminution de la tendresse dont il jouissait autrefois, les exigences croissantes de l'éducation, les paroles sérieuses qu'il se voyait adresser et les punitions qu'on lui faisait subir à l'occasion ont fini par lui révéler toute l'étendue du dédain qui était désormais son lot. Cet amour typique de l'époque infantile se termine selon un certain nombre de modalités qui reviennent régulièrement.

Or, à la faveur du transfert, le névrotique reproduit et ranime avec beaucoup d'habileté toutes ces circonstances indésirées et toutes ces situations affectives douloureuses. Le malade s'efforce ainsi d'interrompre le traitement inachevé, de se mettre dans une situation qui ranime en lui le sentiment d'être, comme jadis, dédaigné de tout le monde, de s'attirer de la part du médecin des paroles dures et une attitude froide, de trouver des prétextes de jalousie ; il remplace l'ardent désir d'avoir un enfant, qu'il avait autrefois, par des projets ou des promesses d'importants cadeaux, le plus souvent aussi peu réels que l'objet de son désir de jadis. Cette situation que le malade cherche à reproduire dans le transfert, n'avait rien d'agréable autrefois, alors qu'il s'y est trouvé pour la première fois. Mais, dira-t-on, elle doit être moins désagréable aujourd'hui, en tant qu'objet de souvenirs ou de rêves, qu'elle ne le fut jadis, alors qu'elle imprima à la vie du sujet une orientation nouvelle. Il s'agit naturellement de l'action de penchants et d'instincts dont le sujet s'attendait, à l'époque où il subissait cette action, à retirer du plaisir ; mais bien qu'il sache par expérience que cette attente a été trompée, il se comporte comme quelqu'un qui n'a pas su profiter des leçons du passé : il tend à reproduire cette situation quand même, et malgré tout, il y est poussé par une force obsédante.

Ce que la psychanalyse découvre par l'étude des phénomènes de transfert chez les névrotiques se retrouve également dans la vie de personnes non névrotiques. Certaines personnes donnent, en effet, l'impression d'être poursuivies par le sort, on dirait qu'il y a quelque chose de démoniaque dans tout ce qui leur arrive, et la psychanalyse a depuis longtemps formulé l'opinion qu'une pareille destinée s'établissait indépendamment des événements extérieurs et se laissait ramener à des influences subies par les sujets au cours de la première enfance. L'obsession qui se manifeste en cette occasion ne diffère guère de celle qui pousse le névrotique à reproduire les événements et la situation affective de son enfance, bien que les personnes dont il s'agit ne présentent pas les signes d'un conflit névrotique ayant abouti à la formation de symptômes. C'est ainsi qu'on connaît des personnes dont toutes les relations avec leurs prochains se terminent de la même façon : tantôt ce sont des bienfaiteurs qui se voient, au bout de quelque temps, abandonnés par ceux qu'ils avaient comblés de bienfaits et qui, loin de leur en être reconnaissants, se montrent pleins de rancune, pleins de noire ingratitude, comme s'ils s'étaient entendus à faire boire à celui à qui ils devaient tant, la coupe d'amertume jusqu'au bout ; tantôt ce sont des hommes dont toutes les amitiés se terminent par la trahison des amis ; d'autres encore passent leur vie à hisser sur un piédestal, soit pour eux-mêmes, soit pour le monde entier, telle ou telle personne pour, aussitôt, renier son autorité, la précipiter de la roche tarpéienne et la remplacer par une nouvelle idole ; on connaît enfin des amoureux dont l'attitude sentimentale à l'égard des femmes traverse toujours les mêmes phases et aboutit toujours au même résultat. Ce « retour éternel du même » ne nous étonne que peu, lorsqu'il s'agit d'une attitude active et lorsqu'ayant découvert le trait de caractère permanent, l'essence même de la personne intéressée, nous nous disons que ce trait de caractère, cette essence ne peut se manifester que par la répétition des mêmes expériences psychiques. Mais nous sommes davantage frappés en présences d'événements qui se reproduisent et se répètent dans la vie d'une personne, alors que celle-ci se comporte passivement à l'égard de ce qui lui arrive, sans y intervenir d'une façon quelconque. On songe, par exemple, à l'histoire de cette femme qui avait été trois fois mariée et qui avait perdu successivement chacun de ses maris peu de temps après le mariage, ayant juste eu le temps de lui prodiguer les soins nécessaires et de lui fermer les yeux [4]. Dans son poème romantique *La Jérusalem délivrée,* le Tasse nous donne une saisissante description poétique d'une pareille destinée. Le héros

Tancrède tue, sans s'en douter, sa bien-aimée Clorinde, alors qu'elle combattait contre lui sous l'armure d'un chevalier ennemi. Après les funérailles de Clorinde, il pénètre dans la mystérieuse forêt enchantée, objet de frayeur pour l'armée des croisés. Là il coupe en deux, avec son épée, un grand arbre, mais voit de la blessure faite à l'arbre jaillir du sang et, en même temps, il entend la voix de Clorinde, dont l'âme s'était réfugiée dans cet arbre, se plaindre du mal que l'aimé lui a infligé de nouveau.

En présence de ces faits empruntés aussi bien à la manière dont les névrotiques se comportent au cours du transfert qu'aux destinées d'un grand nombre de sujets normaux, on ne peut s'empêcher d'admettre qu'il existe dans la vie psychique une tendance irrésistible à la reproduction, à la répétition, tendance qui s'affirme sans tenir compte du principe du plaisir, en se mettant au-dessus de lui. Et ceci admis, rien ne s'oppose à ce qu'on attribue à la pression exercée par cette tendance aussi bien les rêves du sujet atteint de névrose traumatique et la manie que la répétition qui se manifeste dans les jeux des enfants. Il est certain toutefois que rares sont les cas où l'action de la tendance à la répétition se manifeste toute seule, dans toute sa pureté, sans l'intervention d'autres mobiles. En ce qui concerne les jeux des enfants, nous savons déjà quelles en sont les autres interprétations possibles. La tendance à la répétition et la recherche du plaisir par la satisfaction directe de certains penchants semblent s'unir d'une ici façon assez intime, pour former un tout dans lequel il est difficile de discerner la part de l'une et de l'autre. Les phénomènes du transfert sont manifestement l'expression de la résistance opposée par le *moi*, qui s'efforce de ne pas livrer les éléments refoulés ; et quant à la tendance à la répétition que le traitement cherche à utiliser en vue des fins qu'il poursuit, on dirait que c'est encore le *moi* qui, dans ses efforts pour se conformer au principe du plaisir, cherche à l'attirer de son côté. Ce qu'on pourrait appeler la fatalité, au sens courant du mot, et que nous connaissons déjà par les quelques exemples cités plus haut, se prête en grande partie à une explication rationnelle, ce qui nous dispense d'admettre l'intervention d'un nouveau mobile, plus ou moins mystérieux. Le cas le moins contestable est peut-être celui des rêves reproduisant l'accident traumatique ; mais en y réfléchissant de près, on est obligé d'admettre qu'il existe encore pas mal d'autres cas qu'il est impossible d'expliquer par l'action des seuls mobiles que nous connaissons. Ces cas présentent un grand nombre de particularités qui autorisent à admettre l'intervention de la tendance à la répétition, laquelle apparaît plus primitive, plus élémentaire, plus impulsive que le principe du plaisir qu'elle arrive souvent à éclipser. Or, si une pareille tendance à la répétition existe vraiment dans la vie psychique, nous serions curieux de savoir à quelle fonction elle correspond, dans quelles conditions elle peut se manifester, quels sont exactement les rapports qu'elle affecte avec le principe du plaisir auquel nous avons accordé jusqu'à présent un rôle prédominant dans la succession des processus d'excitation dont se compose la vie psychique.

---

1. Voir *Zur Technik der Psychoanalyse.II Erinnern, Wiederholen und Durcharbeiten.* « Sammlung Kleiner Schriften zur Neurosenlehre », IVe Série, 1918, p. 441.
2. Je montre ailleurs que c'est l'« action suggestive » du traitement, c'est-à-dire l'attitude accommodante à L'égard du médecin, ayant sa profonde racine dans le complexe parental, qui vient ici en aide à la tendance à la reproduction.
3. Marcinowski, *Die erotischen Quellen der Minderwertigkeitsgefühle,* « Zeitschrift für Sexualwissenschaft », IV, 1918.
4. Voir sur ce sujet les excellentes remarques de C. J. Jung, dans son article *Die Bedeutung des Vaters für das Schicksal des Einzelnen.*« Jahrbuch für Psychoanalyse », 1, 1909.

CHAPITRE 4

LES MÉCANISMES DE DÉFENSE CONTRE LES EXCITATIONS EXTÉRIEURES ET LEUR ÉCHEC. LA TENDANCE À LA RÉPÉTITION

Ce qui suit doit être considéré comme de la pure spéculation, comme un effort pour s'élever bien au-dessus des faits, effort que chacun, selon sa propre attitude, sera libre de suivre avec sympathie ou de juger indigne de son attention. Il ne faut pas voir, dans les considérations que nous développons ici, autre chose qu'un essai de poursuivre jusqu'au bout une idée, afin de voir, par simple curiosité, jusqu'où elle peut conduire.

La spéculation psychanalytique se rattache à une constatation faite au cours de l'examen de processus inconscients, à savoir que la conscience, loin de représenter la caractéristique la plus générale des processus psychiques, ne doit être considérée que comme une fonction particulière de ceux-ci. Dans sa terminologie métapsychologique, elle dit que la conscience représente la fonction d'un système particulier qu'elle désigne par la lettre C. Comme la conscience fournit principalement des perceptions d'excitations venant du monde extérieur et des sensations de plaisir et de déplaisir qui ne peuvent provenir que de l'intérieur de l'appareil psychique, on est autorisé à attribuer au système P.-C. (perception-conscience) une position spatiale. Ce système doit se trouver à la limite qui sépare l'extérieur de l'intérieur, être tourné vers le monde extérieur et englober tous les autres systèmes psychiques. Mais nous nous apercevons aussitôt que toutes ces définitions ne nous apprennent rien de nouveau, qu'en les formulant nous nous rattachons à l'anatomie cérébrale avec ses localisations, c'est-à-dire à la théorie qui situe le « siège » de la conscience dans l'écorce cérébrale, dans la couche la plus extérieure, la plus périphérique de l'organe central. L'anatomie cérébrale n'a pas à se demander pourquoi (anatomiquement parlant) la conscience est localisée à la surface même du cerveau, au lieu d'avoir un siège plus protégé ailleurs, quelque part dans les couches profondes, aussi profondes que possible, du cerveau. Il est possible que l'examen des conséquences qui découlent de cette localisation pour notre système P.-C. nous fournisse des données nouvelles.

La conscience n'est pas la seule caractéristique que nous attribuons au processus se déroulant dans ce système. Les impressions que nous avons recueillies au cours de nos expériences psychanalytiques nous autorisent à admettre que tous les processus d'excitation qui s'accomplissent dans les autres systèmes y laissent des traces durables qui forment la base de la mémoire, des restes qui sont des souvenirs et qui n'ont rien à voir avec la conscience. Les plus intenses et les plus tenaces de ces souvenirs sont souvent ceux laissés par des processus qui ne sont jamais parvenus à la conscience. Il nous est cependant difficile d'admettre que le système P. C. présente, lui aussi, des restes aussi tenaces et durables des excitations qu'il reçoit. Si, en effet, il en était ainsi, la capacité de ce système à recevoir de nouvelles excitations ne tarderait pas à se trouver limitée [1], étant donné que toutes les excitations qu'il reçoit doivent, par définition, rester toujours conscientes : si, au contraire, elles devenaient inconscientes, nous nous trouverions dans l'obligation paradoxale d'admettre l'existence de processus inconscients dans un système dont le fonctionnement est, par définition, toujours accompagné du phénomène de la conscience. En admettant que, pour devenir conscientes, les excitations ont besoin d'un système spécial, nous ne changeons rien à l'état de choses existant et nous ne gagnons rien. De cette hypothèse se dégage une conclusion qui, sans être rigoureusement logique, n'en apparaît pas moins très vraisemblable, à savoir qu'une seule et même excitation ne peut à la fois devenir consciente et laisser une trace économique dans le même système : il s'agirait là, pour autant qu'on reste dans les limites d'un seul et même système, de deux faits incompatibles. Nous pourrions donc dire qu'en ce qui concerne le système C., le processus d'excitation y devient conscient, mais sans y laisser la moindre trace durable, que toutes les traces de ce processus qui servent de base au souvenir résultent de la propagation de l'excitation aux systèmes intérieurs voisins. C'est en ce sens qu'a été conçu le schéma qui figure dans la partie spéculative de mon *Interprétation des rêves* (1900). Lorsqu'on songe au peu que nous savons d'autres sources relativement au mode de naissance de la conscience, on conviendra que la proposition, d'après laquelle la conscience naîtrait là où s'arrête la trace mnémique, présente du moins la valeur d'une affirmation précise et définie.

Le système C. présenterait donc cette particularité que, contrairement à ce qui se passe dans tous les autres systèmes psychiques, le processus d'excitation ne produit aucune modification durable de ses éléments, mais s'évanouit pour ainsi dire par le fait qu'il devient conscient. Une pareille dérogation à la règle générale ne peut s'expliquer que par l'action d'un facteur inhérent à ce seul système et manquant dans tous les autres, ce facteur pouvant bien être représenté par la localisation très exposée du système C., localisation à la faveur de laquelle il se trouve en contact immédiat avec le monde extérieur.

En simplifiant à l'excès l'organisme vivant, nous pouvons nous le représenter sous la forme d'une boule indifférenciée de substance irritable. Il en résulte que sa surface orientée vers le monde extérieur se trouve différenciée du fait même de son orientation et sert d'organe destiné à recevoir les excitations. L'embryologie, pour autant qu'elle constitue une récapitulation de l'évolution phylogénique, nous montre, en effet, que le système nerveux central provient de l'ectoderme et que l'écorce grise du cerveau, qui descend directement de la surface primitive, pourrait bien avoir reçu en héritage ses propriétés essentielles. Rien ne s'oppose donc à l'hypothèse d'après laquelle les excitations extérieures, à force d'assaillir sans cesse la surface de la boule protoplasmique, auraient produit dans sa substance des modifications durables, à la faveur desquelles les processus d'excitation s'y dérouleraient d'une manière différente de celle dont ils se déroulent dans les couches plus profondes. Il se serait ainsi formé une écorce, tellement assouplie par les excitations qu'elle recevait sans cesse, qu'elle aurait acquis des propriétés la rendant apte uniquement à recevoir de nouvelles excitations et incapables de subir une nouvelle modification quelconque. Appliquée au système C., cette hypothèse signifierait que les éléments de la substance grise, ayant atteint la limite des modifications qu'ils étaient susceptibles de subir du fait du passage d'excitations, sont devenus inaccessibles à toute nouvelle modification quelconque sous ce rapport. Mais ils seraient en revanche capables de faire naître la conscience. Le fait de l'apparition de la conscience est certainement en rapport avec la nature des modifications subies aussi bien par la substance que par les processus d'excitation qui l'atteignent et la traversent. Quelle est exactement cette nature ? À cette question, il est possible de donner plusieurs réponses, dont aucune n'est encore susceptible de vérification expérimentale. On peut supposer qu'en passant d'un élément à un autre, l'excitation doit vaincre une résistance et que c'est à la diminution de la résistance qu'on doit rattacher la trace durable laissée par l'excitation (trajet frayé) ; on aboutirait ainsi à la conclusion qu'aucune résistance de ce genre n'est à vaincre dans le système C. où le passage d'un élément à un autre se ferait librement. On peut rattacher à cette manière de voir la distinction, établie par Breuer, entre les éléments des systèmes psychiques, quant à la nature de leurs charges énergétiques. Il distinguait, en effet, entre l'énergie sous tension, ou dissimulée, et l'énergie circulant librement [2] ; si bien que les éléments du système C. seraient caractérisés par le fait qu'ils contiennent uniquement de l'énergie libre, se déchargeant sans avoir des obstacles à vaincre, sans tension ni pression. Je crois cependant qu'on ferait bien, dans l'état actuel de nos connaissances, de s'abstenir de toute affirmation précise sur ce sujet. Il n'en reste pas moins que les considérations qui précèdent nous permettent d'établir un certain rapport entre l'apparition de la conscience, d'une part, le siège du système C. et les particularités des processus d'excitation qui s'y déroulent, d'autre part.

Mais la boule protoplasmique et sa couche corticale, exposée aux excitations, nous permettent de faire d'autres constatations encore. Ce fragment de substance vivante est plongé dans un monde extérieur, chargé d'énergies de la plus grande intensité, et il ne tarderait pas à succomber aux assauts de ces énergies, s'il n'était muni d'un moyen de protection contre les excitations. Ce moyen consiste en ce que sa surface la plus extérieure, se dépouillant de la structure propre à tout ce qui est vivant, devient pour ainsi dire anorganique, se transforme en une sorte d'enveloppe ou de membrane destinée à amortir les excitations, à ne laisser parvenir aux couches plus profondes, ayant conservé leur structure vivante, qu'une partie de l'intensité dont disposent les énergies du monde extérieur. Ainsi protégées, les couches plus profondes peuvent se consacrer à l'emmagasinement des quantités d'excitation qui ont réussi à franchir la membrane extérieure. En se dépouillant de ses propriétés organiques, celle-ci a épargné le même sort à toutes les couches situées en dedans d'elle, sa protection n'étant toutefois efficace que pour autant que l'intensité des excitations ne dépasse pas une certaine limite au-delà de laquelle la membrane extérieure elle-même se trouve détruite. Pour l'organisme vivant, la protection contre les excitations constitue une tâche presque plus importante que la réception d'excitations ; il possède lui-même une réserve d'énergie et doit veiller avant tout à ce que les transformations d'énergie qui s'opèrent en lui, en affectant des modalités particulières, soient soustraites à l'action nivelante, c'est-à-dire destructrice, des formidables énergies extérieures. La réception d'excitations sert avant tout à renseigner l'organisme sur la direction et la nature des énergies extérieures, résultat qu'il peut obtenir en n'empruntant au monde extérieur que de petites quantités d'énergie, en s'assimilant celle-ci à petites doses. Chez les organismes très évolués, la couche corticale, excitable, de ce qui fut jadis la boule protoplasmique s'est depuis longtemps retirée dans les profondeurs internes du corps, mais certaines de ses dépendances sont restées à la surface, immédiatement au-dessous de l'appareil de protection contre les excitations. Ce sont les organes des sens qui renferment essentiellement des dispositifs destinés à recevoir des excitations spécifiques, mais aussi des appareils particuliers, grâce auxquels se trouvent redoublée la protection contre les excitations extérieures et assuré l'amortissement des excitations d'une intensité démesurée. Ce qui caractérise les organes des sens, c'est que le travail ne porte que sur de petites quantités des excitations extérieures, sur des échantillons pour ainsi dire des énergies extérieures. On peut les comparer à des antennes qui, après s'être mises en contact avec le monde extérieur, se retirent de nouveau.

Je me permets d'effleurer en passant une question qui mériterait une discussion très approfondie. En présence de certaines données psychanalytiques que nous possédons aujourd'hui, il est permis de mettre en doute la proposition de Kant, d'après laquelle le temps et l'espace seraient les formes nécessaires de notre pensée. Nous savons, par exemple, que les processus psychiques inconscients sont « intemporels ». Cela veut dire qu'ils ne sont pas disposés dans l'ordre du temps, que le temps ne leur fait subir aucune modification, qu'on ne peut pas leur appliquer la catégorie du temps. Ce sont là des caractères négatifs dont on ne peut se faire une idée exacte que par la comparaison entre les processus psychiques inconscients et les processus psychiques conscients. Notre représentation abstraite du temps semble plutôt empruntée au mode de travail du système P. C., et correspondre à notre auto-perception. Étant donné ce mode de fonctionnement du système en question, un autre moyen de protection contre les excitations est devenu nécessaire. Je me rends fort bien compte de ce que ces considérations présentent d'obscur, mais je suis obligé de me limiter à de simples allusions.

Nous venons de dire que la boule protoplasmique vivante est munie d'un moyen de protection contre les excitations venant du monde extérieur. Et nous avons montré auparavant que sa couche corticale la plus extérieure s'est différenciée, pour devenir l'organe ayant pour fonction de recevoir les excitations extérieures. Mais cette couche corticale sensible, qui formera plus tard le système C., reçoit également les excitations venant du dedans. Or, la position qu'occupe ce système, à la limite qui sépare le dehors du dedans, et les différences qui existent entre les conditions dans lesquelles il reçoit les excitations des deux côtés exercent une influence décisive sur le fonctionnement aussi bien du système C. que de l'appareil psychique tout entier. Contre le dehors il possède un moyen de protection qui lui permet d'amortir l'action des quantités d'excitations qui viennent l'assaillir. Mais contre le dedans il n'y a pas de moyen de protection possible, si bien que les excitations provenant des couches profondes se propagent telles quelles, sans subir le moindre amortissement, au système C., certaines particularités de leur succession donnant lieu à la série des sensations de plaisir et de déplaisir. Il convient de dire toutefois que les excitations venant du dedans présentent aussi bien par leur intensité que par d'autres caractères qualificatifs (éventuellement aussi par leur amplitude) une correspondance plus grande avec le mode de fonctionnement du système C. que les excitations qui affluent du monde extérieur. Mais deux faits se dégagent d'une façon incontestable de la situation que nous venons de décrire : en premier lieu, les sensations de plaisir et de déplaisir, par lesquelles se manifestent les processus qui se déroulent à l'intérieur de l'appareil psychique, l'emportent sur toutes les excitations extérieures ; et, en deuxième lieu, l'attitude de l'organisme est orientée de façon à s'opposer à toute excitation interne, susceptible d'augmenter outre mesure l'état de déplaisir. De là naît une tendance à traiter ces excitations provenant de l'intérieur comme si elles étaient d'origine extérieure, afin de pouvoir leur appliquer le moyen de protection dont l'organisme dispose à l'égard de ces dernières. Telle serait l'explication de la *projection* qui joue un si grand rôle dans le déterminisme des processus pathologiques.

J'ai l'impression que les considérations qui précèdent sont de nature à nous rapprocher de la connaissance des conditions et des causes de la prédominance du principe du plaisir. Il reste cependant vrai qu'elles ne nous fournissent pas une explication des cas où existe une opposition à ce principe. Faisons donc un pas de plus. Nous appelons *traumatiques* les excitations extérieures assez fortes pour rompre la barrière représentée par le moyen de protection. Je crois qu'il n'est guère possible de définir le traumatisme autrement que par ses rapports, ainsi compris, avec un moyen de défense, jadis efficace, contre les excitations. Un événement tel qu'un traumatisme extérieur produira toujours une grave perturbation dans l'économie énergétique de l'organisme et mettra en mouvement tous les moyens de défense. Mais c'est le principe du plaisir qui, le premier, sera mis hors de combat. Comme il n'est plus possible d'empêcher l'envahissement de l'appareil psychique, par de grandes quantités d'excitations, il ne reste à l'organisme qu'une issue : s'efforcer de se rendre maître de ces excitations, d'obtenir leur immobilisation psychique d'abord, leur décharge progressive ensuite.

Il est probable que le sentiment spécifiquement pénible qui accompagne la douleur physique résulte d'une rupture partielle de la barrière de protection. Des excitations venant de cette région périphérique affluent alors continuellement vers l'appareil psychique central, comme s'il s'agissait d'excitations provenant de l'intérieur de l'appareil [3]. Et à quelle réaction contre cette irruption pouvons-nous nous attendre de la part de la vie psychique ? Elle fait appel à toutes les charges d'énergie existant dans l'organisme, afin de constituer dans le voisinage de la région où s'est produite l'irruption une charge énergétique, d'une intensité correspondante. Il se forme ainsi une formidable « contre-charge », au prix de l'appauvrissement de tous les autres systèmes psychiques et, par conséquent, au prix d'un arrêt ou d'une diminution de toutes les autres fonctions psychiques. Toutes ces images étant destinées à fournir un appui à nos hypothèses métapsychologiques, à les illustrer tout au moins, nous tirons, de la situation que nous venons de décrire, la conclusion que même un système possédant une charge élevée est capable de recevoir l'afflux de nouvelles quantités d'énergie, de les transformer en charges immobilisées, c'est-à-dire psychiquement « liées ». Un système est capable de « lier » des énergies d'autant plus considérables que sa propre charge, à l'état de repos, est plus élevée ; et, inversement, moins la charge d'un système est élevée, moins grande est sa capacité de recevoir l'afflux de nouvelles énergies et plus désastreuses seront les conséquences d'une rupture de sa barrière de défense. On aurait tort de nous objecter que l'augmentation des charges au niveau de la région où s'est produite l'irruption s'explique beaucoup plus facilement par la propagation directe des quantités d'énergie qui affluent. S'il en était ainsi, les charges énergétiques de l'appareil psychique lésé subiraient bien une augmentation, mais le caractère paralysant de la douleur, l'appauvrissement de tous les autres systèmes resteraient inexpliqués. Même l'action dérivative, si prononcée, de la douleur n'infirme en rien notre manière de voir, car il s'agit là d'une action purement réflexe, c'est-à-dire s'effectuant sans l'intermédiaire de l'appareil psychique. Le caractère vague et indéterminé de toutes nos considérations que nous désignons sous le nom de métapsychologiques provient de ce que nous ne savons rien concernant la nature du processus d'excitation qui s'effectue dans les éléments des systèmes psychiques et que nous ne nous croyons pas autorisés à formuler une opinion quelconque sur ce sujet. Nous opérons ainsi toujours avec un grand X que nous introduisons tel quel dans chaque formule nouvelle. Que ce processus puisse s'effectuer en utilisant des énergies qui diffèrent quantitativement d'un cas à l'autre, la chose est à la rigueur admissible ; qu'il possède plus d'une qualité (une sorte d'amplitude, par exemple), voilà ce qui est encore probable ; en fait de conception nouvelle, nous avons cité celle de Breuer qui admet deux formes de charge énergétique des systèmes (ou de leurs éléments) : une forme libre et une forme liée. Et, à ce propos, nous nous permettrons d'émettre l'hypothèse que la « liaison » des énergies affluant dans l'appareil psychique se réduit au passage de ces énergies de l'état de libre circulation à l'état de repos immobile.

À mon avis, on ne doit pas reculer devant la tentative de concevoir la névrose traumatique commune comme une conséquence d'une vaste rupture de la barrière de défense. Cela revient à remettre en honneur la vieille et naïve théorie du choc, en opposition, semble-t-il, avec la théorie plus récente, et aux prétentions psychologiques plus grandes, qui met l'accent étiologique, non sur la violence mécanique, mais sur la frayeur et la conscience du danger qui menace la vie. Mais il ne s'agit pas d'une opposition absolue, et la conception psychanalytique de la névrose traumatique ne se confond d'aucune façon avec la théorie plus grossière du choc. Alors que cette dernière théorie conçoit le choc comme une lésion directe de la structure moléculaire, voire de la structure histologique, des éléments nerveux, nous attribuons l'action du choc à la rupture de la barrière de protection de l'organe psychique, avec toutes les conséquences qui en résultent. Nous ne songeons nullement à rabaisser l'importance de la frayeur. Nous l'avons déjà dit : ce qui caractérise la frayeur, c'est l'absence de cette préparation au danger qui existe, au contraire, dans l'angoisse et qui comporte une surcharge énergétique des systèmes qui sont les premiers appelés à subir l'excitation. En raison de cette absence de charge énergétique nécessaire, ou en raison de ce que la charge dont disposent les systèmes est inférieure aux exigences de la situation, ces systèmes ne sont pas en état de lier les quantités d'énergie qui affluent et les conséquences de la rupture se produisent d'autant plus facilement. Nous voyons ainsi que l'angoisse qui fait pressentir le danger et la surcharge énergétique des systèmes destinés à subir l'excitation constituent la dernière ligne de défense contre celle-ci. Dans un grand nombre de traumatismes l'issue de la situation dépend, en dernière analyse, de la différence qui existe entre les systèmes non préparés et les systèmes préparés à parer au danger par une surcharge énergétique ; mais à partir d'une certaine intensité du traumatisme, ce facteur cesse de jouer.

Ce n'est pas à la faveur de la fonction qu'ils ont acquise sous l'influence du principe du plaisir et qui consiste à procurer au rêveur une réalisation hallucinatoire de ses désirs, que les rêves du malade atteint de névrose traumatique le ramènent toujours et régulièrement à la situation dans laquelle s'était produit le traumatisme. Nous devons plutôt admettre que ces rêves correspondent à un autre objectif, lequel doit être réalisé, avant que le principe du plaisir puisse affirmer sa maîtrise. Ils ont pour but de faire naître chez le sujet un état d'angoisse qui lui permette d'échapper à l'emprise de l'excitation qu'il a subie et dont l'absence a été la cause de la névrose traumatique. Ils nous ouvrent ainsi une perspective sur une fonction de l'appareil psychique qui, sans être en opposition avec le principe du plaisir, n'en est pas moins indépendante et semble plus primitive que la tendance à rechercher le plaisir et à éviter le déplaisir.

Ce serait donc le lieu ici de poser une première exception à la loi d'après laquelle les rêves seraient des réalisations de désirs. J'ai montré à plusieurs reprises qu'on ne pouvait en dire autant des rêves d'angoisse ni des « rêves de châtiment », ces derniers mettant à la place de la réalisation inadmissible de désirs défendus le châtiment qui s'attache à ces désirs, autrement dit la réaction, elle aussi voulue et désirée, de la conscience de culpabilité contre le penchant réprouvé. Mais les rêves du malade atteint de névrose traumatique ne se laissent pas ramener au point de vue de la réalisation de désirs, et il en est de même des rêves auxquels nous nous heurtons dans la psychanalyse et dans lesquels on trouve le souvenir de traumatismes psychiques de l'enfance. Les rêves de ces deux catégories obéissent plutôt à la tendance à la répétition qui, cependant, trouve son appui, au cours de l'analyse, dans le désir, encouragé par la « suggestion », d'évoquer ce qui a été oublié et refoulé. C'est ainsi que le rêve n'aurait pas davantage pour fonction primitive de s'opposer à ce que la réalisation voulue de penchants perturbateurs vienne troubler le sommeil ; il n'a pu acquérir cette fonction qu'après que tout l'ensemble de la vie psychique est tombé sous la domination du principe du plaisir. S'il existe un « au-delà du principe du plaisir », il est logique d'admettre que la tendance du rêve à la réalisation de désirs ne représente qu'un produit tardif, apparu après une période préliminaire, marquée par l'absence de cette tendance. Il n'y a là d'ailleurs aucune opposition avec sa fonction ultérieure. Lorsqu'enfin cette tendance s'est fait jour, nous nous trouvons en présence d'une autre question : les rêves qui, ayant pour objectif la liaison psychique d'impressions traumatiques, obéissent à la tendance à la répétition, sont-ils également possibles en dehors de l'analyse ? À cette question on peut, d'une façon générale, répondre d'une façon affirmative.

En ce qui concerne les « névroses de guerre », pour autant que ce terme ne désigne pas seulement le simple rapport entre le mal et sa cause immédiate, j'ai montré ailleurs qu'ils pouvaient bien être des névroses traumatiques dont l'explosion aurait été facilitée par un conflit du *moi* [4]. Le fait mentionné plus haut, à savoir que lorsque le traumatisme détermine en même temps une grosse lésion, les chances de l'apparition d'une névrose se trouvent diminuées, cesse d'être incompréhensible, si l'on veut bien tenir compte de deux circonstances sur lesquelles la recherche psychanalytique insiste d'une façon particulière. La première de ces circonstances est que la commotion mécanique doit être considérée comme une des sources de l'excitation sexuelle [5] ; la deuxième consiste en ce que les affections douloureuses et fébriles exercent, pendant toute leur durée, une puissante influence sur la répartition de la libido. C'est ainsi que la violence mécanique, exercée par le traumatisme, libérerait un quantum d'excitation sexuelle qui, en l'absence de toute angoisse correspondant à la représentation du danger, serait capable d'exercer une action traumatique, si, d'autre part, la lésion somatique qui se produit en même temps n'avait pour effet de fixer sur l'organe lésé, par une sorte de surcharge narcissique, le trop plein de l'excitation [6]. C'est également un fait connu, mais qui n'a pas été suffisamment utilisé par la théorie de la libido, que les troubles graves qui affectent la répartition de la libido dans la mélancolie, par exemple, disparaissent momentanément par suite d'une affection organique intercurrente, et que même une démence précoce, à sa phase la plus avancée, peut, dans les mêmes conditions, subir une régression momentanée.

---

1. Nous suivons, dans cet exposé, les considérations développées par Breuer dans la partie théorique de ses *Studien über Hysterie, 1895.*
2. *Studien über Hysterie,* par J. Breuer et S. Freud, 4e édition, 1922.
3. Voir *Triebe und Triebschicksale. «Sannlung*Kleiner Schriften zur Neurosenehre », IV, 1918.
4. *Zur Psychoanalyse der Kriegsneurosen. Einleitung. « In*ternationale Psychoanalytische Bibliothek », No 1, 1919.
5. Voir les remarques se rapportant à ce sujet, dans *Die Wirkung des Schaukelns und Eisenbahnfahrens,* faisant partie des *Drei Abhandlungen zur Sexualtheorie,* 4e édit. 1920. En français : *Trois Essais sur la théorie de la Sexualité. N. R. F.*
6. Voir *Zur Einführung des Narzissmus,* dans *Kleine Schriften zur Neurosenlehre,* 4e Série, 1918.

CHAPITRE 5

LA CONTRAINTE DE RÉPÉTITION. OBSTACLE AU PRINCIPE DU PLAISIR

Du fait que la couche corticale, point d'arrivée des excitations, ne possède pas de barrière de défense contre les excitations venant du dedans, la propagation de celles-ci acquiert une grande importance économique et donne souvent lieu à des troubles économiques qui peuvent être assimilés aux névroses traumatiques. La source la plus abondante de ces excitations d'origine interne est représentée par les penchants, les tendances, les instincts de l'organisme, par toutes les influences qui, ayant origine dans l'intérieur de l'organisme, se propagent à l'appareil psychique, et constituent l'objet le plus important, mais en même temps le plus obscur de la recherche psychologique.

Il ne sera peut-être pas trop osé d'affirmer que les influences émanant des penchants et des instincts se manifestent par des processus nerveux qui ne sont pas liés, c'est-à-dire par des processus nerveux se déroulant librement, jusqu'à la décharge complète. Ce que nous savons de meilleur sur ces processus nous a été fourni par l'étude du travail qui s'accomplit dans les rêves. Cette étude nous a montré, en effet, que les processus qui se déroulent. dans les systèmes inconscients diffèrent totalement de ceux qui s'effectuent dans les systèmes (pré)-conscients, que dans l'inconscient les charges subissent facilement des transferts, des déplacements, des condensations, autant de modifications qui, si elles se produisaient dans les matériaux conscients, ne donneraient que des résultats défectueux et erronés. Ces modifications sont la cause des singularités bien connues qui apparaissent dans le rêve manifeste, après que les traces préconscientes des événements diurnes ont été élaborées d'après les lois de l'inconscient. À ces processus qui s'accomplissent dans l'inconscient (transferts, déplacements, condensations) j'ai donné le nom de « processus primaires », afin de les mieux différencier des processus secondaires qui se déroulent dans notre vie éveillée. Comme les penchants et instincts se rattachent tous à des systèmes inconscients, nous n'apprendrons rien de nouveau en disant qu'ils obéissent à des processus secondaires et, d'autre part, il n'est pas nécessaire de faire un grand effort pour identifier le processus psychique primaire avec la charge libre, et le processus secondaire avec les modifications qui se produisent dans la charge liée, ou tonique, de Breuer [1]. La tâche des couches supérieures de l'appareil psychique consisterait donc à lier les excitations instinctives obéissant aux processus primaires. En cas d'échec, il se produirait une perturbation analogue à la névrose traumatique, et c'est seulement lorsque les couches supérieures ont réussi à s'acquitter de leur tâche que le principe du plaisir (ou le principe de la réalité qui en est une forme modifiée) peut sans contestation affirmer sa maîtrise. En attendant ce moment, l'appareil psychique a pour mission de se rendre maître de l'excitation, de la lier, et cela, non en opposition avec le principe du plaisir, mais indépendamment de lui et, en partie, sans en tenir compte.

Les manifestations de la tendance à la répétition, telles que nous les avons observées au cours des premières activités de la vie psychique infantile et du traitement psychanalytique, présentent au plus haut degré un caractère instinctif et, lorsqu'elles sont en opposition avec le principe du plaisir, un caractère démoniaque. Pour ce qui est du jeu de l'enfant, nous croyons comprendre que si l'enfant reproduit et répète un événement même désagréable, c'est pour pouvoir, par son activité, maîtriser la forte impression qu'il en a reçue, au lieu de se borner à la subir, en gardant une attitude purement passive. Chaque nouvelle répétition semble affermir cette maîtrise et, même lorsqu'il s'agit d'événements agréables, l'enfant ne se lasse pas de les répéter et de les reproduire, en s'acharnant à obtenir l'identité parfaite de toutes les répétitions et reproductions d'une impression. Plus tard, ce trait de caractère est appelé à disparaître. Une plaisanterie spirituelle, entendue pour la deuxième fois, reste presque sans effet, une pièce de théâtre à laquelle on assiste pour la deuxième fois ne laisse jamais la même impression que celle qu'on a reçue lorsqu'on y a assisté pour la première fois. Bien plus : il est difficile de décider un adulte à relire un livre qu'il vient de lire, alors même que ce livre lui a plu. Chez l'adulte, la nouveauté constitue toujours la condition de la jouissance. L'enfant, au contraire, ne se lasse pas de demander à l'adulte la répétition d'un jeu qu'il lui avait montré ou auquel il avait pris part avec lui ; et lorsqu'on lui a raconté une belle histoire, il veut toujours l'entendre à nouveau, à l'exclusion de toute autre, il veille à ce qu'elle soit répétée mot par mot, relève la moindre modification que le conteur se permet d'y introduire, dans l'espoir peut-être de se faire bien voir de l'enfant. Il n'y a pas là d'opposition au principe du plaisir, car la répétition, le fait de retrouver l'identité sont déjà en eux-mêmes une source de plaisir. Au contraire, dans le cas du sujet soumis à l'analyse, il est évident que la tendance qui le pousse à reproduire, à la faveur du transfert, les événements de la période infantile de sa vie est, sous tous les rapports, indépendante du principe du plaisir, le transcende pour ainsi dire. Le malade se comporte en cette occasion d'une manière tout à fait infantile et nous montre ainsi que les traces mnémiques refoulées, se rattachant à ses toutes premières expériences psychiques, n'existent pas chez lui à l'état lié et sont mêmes dans une certaine mesure incompatibles avec les processus secondaires. Cette même tendance à la répétition se dresse souvent devant nous comme un obstacle thérapeutique, lorsque nous voulons, à la fin du traitement, obtenir que le malade se détache complètement du médecin ; et il est à supposer que ce qui fait naître cette tendance démoniaque, c'est la vague angoisse, la crainte qu'éprouvent les gens non familiarisés avec la psychanalyse de voir se réveiller en eux quelque chose qu'à leur avis on ferait mieux de laisser dormir.

Mais quelle est la nature des rapports existant entre les impulsions instinctives et la tendances à la répétition ? Il est permis de penser que nous sommes ici sur la trace d'une propriété générale, encore peu connue, ou, tout au moins, n'ayant pas encore été formulée explicitement, des instincts, peut-être même de la vie organique dans son ensemble. Un instinct ne serait que l'expression d'une tendance inhérente à tout organisme vivant et qui le pousse à reproduire, à rétablir un état antérieur auquel il avait été obligé de renoncer, sous l'influence de forces perturbatrices extérieures ; l'expression d'une sorte d'élasticité organique ou, si l'on préfère, de l'inertie de la vie organique [2].

Cette conception de l'instinct peut paraître étrange, car nous sommes habitués à voir dans l'instinct un facteur de changement et de développement et non le contraire, c'est-à-dire un facteur de conservation. D'autre part, la vie animale nous offre des exemples qui semblent confirmer le déterminisme historique des instincts. Lorsque certains poissons entreprennent, pendant la saison du frai, de longues migrations, afin d'aller déposer leur frai dans des eaux déterminées, souvent très distantes de leurs habitats coutumiers, ils ne feraient, d'après certains biologistes, que rechercher des habitats anciens qu'ils ont été obligés, au cours du temps, d'échanger contre de nouveaux. Il en serait de même des migrations des oiseaux migrateurs, mais pour nous dispenser de chercher d'autres exemples, nous n'avons qu'à nous souvenir que les phénomènes de l'hérédité et les faits de l'embryologie nous fournissent la plus belle illustration de la tendance organique à la répétition. Nous savons notamment que le germe d'un animal vivant est obligé, au cours de son évolution, de reproduire, ne serait-ce que d'une façon très brève et rapide, les structures de toutes les formes dont cet animal descend, au lieu d'adopter, pour arriver à sa configuration définitive, le chemin le plus court. Il s'agit là d'un processus qui ne se prête qu'en partie, et en petite partie, à une explication mécanique et dans lequel les facteurs historiques jouent un rôle qui est loin d'être négligeable. Et, de même, la puissance de reproduction s'étend très loin dans la série animale, comme, par exemple, dans les cas où un organe perdu est remplacé par un organe de nouvelle formation, identique au premier.

Mais, dirait-on, rien n'empêche d'admettre qu'il existe dans l'organisme, en même temps que des tendances conservatrices qui poussent à la répétition, des tendances dont l'action se manifeste par les formations nouvelles et par l'évolution progressive. Cette objection n'est certes pas à négliger et nous nous proposons d'en tenir compte dans la suite. Mais, au préalable, nous ne pouvons résister à la tentation de pousser jusqu'à ses dernières conséquences l'hypothèse d'après laquelle tous les instincts se manifesteraient par la tendance à reproduire ce qui a déjà existé. On pourra reprocher aux conclusions auxquelles nous aboutirons ainsi d'être trop « profondes », voire quelque peu mystiques : ce reproche ne nous atteindra pas, car nous avons la conscience de ne chercher que des résultats positifs ou de ne nous livrer qu'à des considérations fondées sur de tels résultats, en faisant notre possible pour leur donner le plus grand degré de certitude.

Si donc les instincts organiques sont des facteurs de conservation, historiquement acquis, et s'ils tendent vers la régression, vers la reproduction d'états antérieurs, il ne nous reste qu'à attribuer l'évolution organique comme telle, c'est-à-dire l'évolution progressive, à l'action de facteurs extérieurs, perturbateurs et détournant l'organisme de sa tendance à la stagnation. L'être vivant élémentaire serait très volontiers resté immuable dès le début de son existence, il n'aurait pas mieux demandé que de mener un genre de vie uniforme, dans des conditions invariables. Mais c'est sans doute, en dernière analyse, l'évolution de notre terre et de ses rapports avec le soleil qui a eu sa répercussion sur l'évolution des organismes. Les instincts organiques conservateurs se sont assimilés chacune des modifications de la vie, qui leur ont été ainsi imposées, les ont conservées en vue de la répétition ; et c'est ainsi qu'ils donnent la fausse impression de forces tendant au changement et au progrès, alors qu'en réalité ils ne cherchent qu'à réaliser une fin ancienne en suivant des voies aussi bien nouvelles qu'anciennes. Cette fin vers laquelle tendrait tout ce qui est organique se laisse d'ailleurs deviner. La vie se mettrait en opposition avec le caractère conservateur des instincts, si la fin qu'elle cherche à atteindre représentait un état qui lui fut totalement étranger. Cette fin doit plutôt être représentée par un état ancien, un état de départ que la vie a jadis abandonné et vers lequel elle tend à retourner par tous les détours de l'évolution. Si nous admettons, comme un fait expérimental ne souffrant aucune exception, que tout ce qui vit retourne à l'état inorganique, meurt pour des raisons internes, nous pouvons dire : la fin vers laquelle tend toute vie est la mort ; et inversement : le non-vivant est antérieur au vivant.

À un moment donné, une force dont nous ne pouvons encore avoir aucune représentation a réveillé dans la matière inanimée les propriétés de la vie. Il s'agissait peut-être d'un processus ayant servi de modèle et analogue qui, plus tard, a fait naître, dans une certaine couche de la matière vivante, la conscience. La rupture d'équilibre qui s'est alors produite dans la substance inanimée a provoqué dans celle-ci une tendance à la suppression de son état de tension, la première tendance à retourner à l'état inanimé. La substance vivante avait encore, à cette phase de début, la mort facile ; le chemin vital, déterminé par la structure chimique de la jeune vie, ne devait pas être long à parcourir. Pendant longtemps, la substance vitale devait ainsi naître et renaître facilement et facilement mourir, jusqu'à ce que les facteurs extérieurs décisifs aient subi des modifications qui les ont rendus capables d'imposer à la substance ayant survécu à leur action souvent violente des déviations de plus en plus grandes du chemin vital primitif et des détours de plus en plus compliqués pour arriver au but final, c'est-à-dire à la mort. Ce sont ces détours empruntés par la vie dans sa course à la mort, détours fidèlement et rigoureusement observés par les instincts conservateurs, qui formeraient ce qui nous apparaît aujourd'hui comme le tableau des phénomènes vitaux. Telles sont les seules hypothèses auxquelles on arrive relativement à l'origine et au but de la vie, lorsqu'on attribue aux instincts un caractère purement et uniquement conservateur.

Non moins étranges que ces déductions apparaissent celles qu'on peut formuler au sujet des grands groupes d'instincts que nous concevons comme formant la base des phénomènes vitaux de l'organisme. En postulant l'existence d'instincts de conservation, que nous attribuons à tout être vivant, nous avons l'air de nous mettre en singulière opposition avec l'hypothèse d'après laquelle toute la vie instinctive tendrait à ramener l'être vivant à la mort. En effet, la signification théorique des instincts de conservation, de puissance, d'affirmation de soi-même disparaît, lorsqu'on la juge à la lumière de l'hypothèse en question ; ce sont des instincts partiels, destinés à assurer à l'organisme le seul moyen véritable de retourner à la mort et de le mettre à l'abri de toutes les possibilités autres que ses possibilités immanentes d'arriver à cette fin. Quant à la tendance mystérieuse de l'organisme à s'affirmer malgré tout et à l'encontre de tout, elle s'évanouit, comme ne cadrant pas avec une fin plus générale, plus compréhensive. Il reste que l'organisme ne veut mourir qu'à sa manière ; et ces gardiens de la vie que sont les instincts ont été primitivement des satellites de la mort. Et nous nous trouvons devant cette situation paradoxale que l'organisme vivant se défend de toute son énergie contre des influences (dangers) qui pourraient l'aider à atteindre son but par les voies les plus courtes, attitude qui caractérise précisément les tendances instinctives par opposition avec les tendances intelligentes [3].

Mais en est-il réellement ainsi ? Sous un jour tout à fait différent nous apparaissent, en effet, les penchants sexuels auxquels la théorie des névroses accorde une place à part. Tous les organismes ne subissent pas une contrainte extérieure qui détermine leur évolution et les pousse en avant, Beaucoup d'entre eux ont réussi à se maintenir jusqu'à nos jours à leur phase la plus primitive, on retrouve encore aujourd'hui beaucoup d'êtres vivants (sinon tous) qui représentent ce que les animaux et les plantes supérieures pouvaient être à leur origine. Et, de même, parmi les organismes élémentaires qui forment le corps compliqué d'un être vivant supérieur, il en est qui n'accomplissent pas toute l'évolution conduisant à la mort naturelle. C'est ainsi que nous avons des raisons de croire que les cellules germinales gardent la structure primitive de la substance vivante et se détachent à un moment donné de l'organisme total, avec toutes leurs propriétés, tant héréditaires que nouvellement acquises ; c'est peut-être à ces deux caractères que les cellules germinales doivent leur faculté de mener une existence indépendante. Placées dans des conditions favorables, elles commencent à se développer, c'est-à-dire à reproduire le jeu à la faveur duquel elles sont nées, après quoi une partie de leur substance poursuit l'évolution jusqu'au bout, tandis qu'une autre partie, formant un nouveau reste germinal, recommence l'évolution à partir du point initial. C'est ainsi que ces cellules germinales s'opposent à la mort de la substance vivante et semblent lui assurer ce qui nous apparaît comme une immortalité potentielle, bien qu'il ne s'agisse probablement que d'un allongement du chemin qui conduit à la mort. Ce qui nous paraît particulièrement significatif, c'est que, pour s'acquitter de sa mission, la cellule germinale doit, sinon se fondre avec une autre, qui à la fois en diffère et lui ressemble, tout au moins être renforcée par elle ou recevoir d'elle l'impulsion nécessaire.

Les instincts qui veillent aux destinées de ces organismes

élémentaires survivant à l'organisme vivant total, qui assurent leur sécurité et intégrité, tant qu'ils sont exposés sans défense aux influences du monde extérieur, ainsi que leur association avec d'autres cellules germinales, forment le groupe des instincts sexuels. Ces instincts sont conservateurs au même titre que les autres, pour autant qu'ils provoquent la reproduction d'états antérieurs de la substance vivante, mais ils le sont à un degré plus prononcé, pour autant qu'ils font preuve d'une résistance plus grande à l'égard des influences extérieures et, surtout, pour autant qu'ils se montrent capables de conserver la vie pendant un temps assez long [4]. Ce sont les instincts vitaux au sens propre du mot ; du fait qu'ils fonctionnent à l'encontre de la tendance des autres instincts qui, à travers la fonction, acheminent l'organisme vers la mort, ils se mettent avec ceux-ci dans un état d'opposition, dont la psychanalyse a de bonne heure saisi l'importance et la signification. La vie des organismes offre une sorte de rythme alternant : un groupe d'instincts avance avec précipitation, afin d'atteindre aussi rapidement que possible le but final de la vie ; l'autre, après avoir atteint une certaine étape de ce chemin, revient en arrière pour recommencer la même course, en suivant le même trajet, ce qui a pour effet de prolonger la durée du voyage. Mais bien que la sexualité et les différences sexuelles n'existent certainement pas à l'origine de la vie, il n'en reste pas moins possible que les instincts qui, à une phase ultérieure, deviennent sexuels, aient existé dès le début et aient dès l'origine manifesté une activité en opposition avec le jeu des « instincts du *moi* ».

Mais revenons sur nos pas et demandons-nous si toutes ces spéculations reposent sur une base ferme. Est-il bien vrai qu'en dehors des instincts sexuels, il n'en existe pas d'autres qui tendent à reproduire un état antérieur, et d'autres encore qui tendent à atteindre un état n'ayant encore jamais existé ? Pour ce qui est du monde organique, je ne connais pas d'exemple certain qui soit en contradiction avec la caractéristique que nous préconisons. Il est certainement impossible d'attribuer aux règnes animal et végétal une tendance générale au développement progressif, bien qu'en fait ce développement existe d'une manière incontestable. Il n'en est pas moins vrai que nous formulons des appréciations purement subjectives lorsque nous disons que telle phase de développement est supérieure à telle autre, ou inversement ; et, d'autre part, la science de la vie nous enseigne que le progrès réalisé sous un certain rapport est expié ou neutralisé par une régression sous d'autres rapports. Il existe, en outre, bon nombre de formes animales dont les états juvéniles attestent que leur développement a pris un caractère plutôt régressif. L'évolution progressive et la régression pourraient bien être, l'une et l'autre, des conséquences des actions adaptatives exercées par des forces extérieures, tandis que le rôle des instincts se bornerait, dans un cas comme dans l'autre, à maintenir et à conserver les modifications ainsi imposées à l'organisme, en les transformant en sources de plaisir [5].

Beaucoup d'entre nous se résigneront difficilement à renoncer à la croyance qu'il existe, inhérente à l'homme même, une tendance à la perfection à laquelle il serait redevable du niveau actuel de ses facultés intellectuelles et de sa sublimation morale et dont on serait en droit d'attendre la transformation progressive de l'homme actuel en un surhomme. Je dois avouer que je ne crois pas à l'existence d'une pareille tendance interne et que je ne vois aucune raison de ménager cette illusion bienfaisante. À mon avis, l'évolution de l'homme, telle qu'elle s'est effectuée jusqu'à présent, ne requiert pas d'autre explication que celle des animaux, et s'il existe une minorité d'êtres humains qu'une tendance irrésistible semble pousser vers des niveaux de perfection de plus en plus élevés, ce fait s'explique tout naturellement, en tant que conséquence de cette répression d'instincts sur laquelle repose ce qu'il y a de plus sérieux dans la culture humaine. L'instinct refoulé ne cesse jamais de tendre à sa complète satisfaction, laquelle consisterait dans la répétition d'une satisfaction primaire ; toutes les formations substitutives et réactionnelles, toutes les sublimations sont impuissantes à mettre fin à son état de tension permanente, et la différence entre la satisfaction obtenue et la satisfaction cherchée constitue cette force motrice, cet aiguillon qui empêche l'organisme de se contenter d'une situation donnée, quelle qu'elle soit, mais, pour employer l'expression du poète, le « pousse sans répit en avant, toujours en avant » (*Faust*, I). Le chemin en arrière, vers la satisfaction complète, est généralement barré par les résistances maintenues par les refoulements, si bien *qu'il* ne reste à l'organisme *qu'à* avancer dans l'autre direction, encore libre, sans l'espoir toutefois de venir *à* bout du processus et de pouvoir jamais atteindre le but. Les processus à la faveur desquels se forme une phobie névrotique qui, au fond, n'est pas autre chose qu'une tentative de fuir la satisfaction d'un penchant, nous montrent nettement comment naît cette prétendue « tendance à la perfection » que nous ne pouvons cependant pas attribuer à tous les individus humains. Les conditions dynamiques de cette tendance semblent exister un peu partout, mais les conditions économiques sont rarement de nature à favoriser ce phénomène.

Mentionnons cependant, comme une simple possibilité, que les efforts d'Éros tendant *à* réunir les unités organiques, de façon à en former des ensembles de plus en plus vastes, peuvent être considérés comme compensant l'absence de la « tendance à la perfection ». S'ajoutant aux effets du refoulement, ces efforts seraient peut-être de nature à nous fournir une explication des phénomènes qu'on se plaît généralement à attribuer à la tendance en question.

---

1. Voir section VII de mon ouvrage *Traumdeutung. Psycho*logie der Traumvorgänge.
2. Je ne doute pas que des hypothèses analogues sur la nature des « instincts » n'aient déjà été émises et formulées par d'autres auteurs.
3. Voir, d'ailleurs, plus loin l'atténuation que nous apportons à cette manière extrême de concevoir les instincts de conservation.
4. Ce sont pourtant les seuls que nous puissions considérer comme déterminant le progrès » et l'ascension vers des états supérieurs (voir plus loin).

5. Ferenczi a réussi, en suivant un chemin différent, à établir la possibilité d'une pareille manière de voir *Entwicklungsstufen des Wirklichkeitssinnes,* « Internationale Zeitschr. f. Psychoanalyse », 1, 1913) : « En poussant ce raisonnement jusqu'à ses dernières conséquences logiques, on arrive à se familiariser avec l'idée que la vie organique est régie, elle aussi, par une tendance à l'inertie ou à la régression, tandis que la tendance à l'évolution progressive, à l'adaptation, etc. ne se manifesterait que sous le fouet des excitations extérieures » (p. 137).

CHAPITRE 6

DUALISME DES INSTINCTS. INSTINCTS DE VIE ET INSTINCTS DE MORT

Des considérations développées dans le chapitre précédent se dégage la conclusion qu'il existe une opposition tranchée entre les « instincts du *moi* » et les instincts sexuels, les premiers tendant vers la mort, les derniers au prolongement de la vie. Or, à beaucoup d'égards cette conclusion n'est pas de nature à nous satisfaire. Ajoutons encore que c'est seulement aux premiers que nous avons cru pouvoir attribuer un caractère de conservation ou, plutôt, en rapport avec la tendance à la répétition. D'après notre manière de voir, en effet, les instincts du *moi*, nés le jour où la matière inanimée a reçu le souffle de vie, tendraient au rétablissement de l'état inanimé. Quant aux instincts sexuels, au contraire, il est manifeste qu'ils reproduisent des états primitifs des êtres vivants, mais le but qu'ils cherchent à atteindre par tous les moyens consiste à obtenir la fusion de deux cellules germinales dont chacune présente une différenciation particulière. Lorsque cette fusion n'est pas réalisée, la cellule germinale meurt comme tous les autres éléments de l'organisme pluricellulaire. C'est seulement à la faveur de la fusion des deux cellules germinales que la fonction sexuelle est capable de prolonger la vie et de lui conférer l'apparence de l'immortalité. Mais quel est l'événement important de l'évolution de la substance vivante que reproduit la procréation sexuelle, ou sa phase préliminaire représentée chez les protistes par la copulation de deux individus ? C'est ce que nous ne sommes pas en état de dire, et ce serait pour nous un grand soulagement de nous trouver en présence de faits montrant que toute notre construction est erronée. Du même coup tomberait l'opposition entre les instincts du *moi* (de la mort) et les instincts sexuels (de la vie), et la tendance à la répétition perdrait l'importance que nous avons cru devoir lui attribuer.

Revenons donc à une hypothèse que nous avions formulée en passant, dans l'espoir qu'il serait possible de la réfuter à l'aide de faits exacts. Nous avions notamment supposé (et tiré de cette supposition certaines conclusions) que tout ce qui vit doit mourir en vertu de causes internes. Et cette supposition, nous l'avions émise en toute naïveté, parce que nous avions cru émettre plus qu'une supposition. C'est là une idée qui nous est familière, une idée qui nous est inculquée par nos poètes. Et si nous l'acceptions, c'est peut-être à titre de croyance consolatrice. Puisqu'on doit mourir et, peut-être avant de mourir soi-même, assister à la mort d'êtres chers, on trouve une consolation à savoir qu'on est victime, non d'un accident ou d'un hasard qu'on aurait peut-être pu éviter, mais d'une loi implacable de la nature, d'une Ἀνάγκη à laquelle nul vivant ne peut se soustraire. Mais cette croyance à la nécessité interne de la mort n'est peut-être qu'une de ces nombreuses illusions que nous nous sommes créées pour nous rendre « supportable le fardeau de l'existence ». Cette croyance n'est certainement pas primitive, car l'idée de la « mort naturelle » est étrangère aux peuples primitifs qui attribuent la mort de chacun d'entre eux à l'influence d'un ennemi ou d'un méchant esprit. Ne nous attardons donc pas à soumettre cette croyance à l'épreuve de la science biologique.

Si nous le faisions, nous serions étonnés de constater le peu d'unanimité qui règne parmi les biologistes quant à la question de la mort naturelle, de voir même que la notion de la mort s'évanouit entre leurs mains. Le fait que la vie possède, du moins chez les animaux supérieurs, une durée moyenne déterminée, parle naturellement en faveur de la mort par causes internes, mais la circonstance que certains grands animaux et arbres géants atteignent une vieillesse très profonde qu'on n'a pas encore réussi à déterminer avec une certitude quantitative, cette circonstance, disons-nous, semble infirmer la conclusion qui se dégage du premier fait. D'après la grandiose conception de W. Fliess, tous les phénomènes vitaux des organismes (y compris sans doute la mort) se rattacheraient à certaines échéances, par lesquelles s'exprimerait la dépendance de deux substances vivantes, mâle et femelle, par rapport à l'année solaire. Mais les observations qui montrent avec quelle facilité et dans quelle mesure les forces extérieures sont susceptibles de modifier les manifestations vitales en général et celles du monde végétal en particulier, soit en retardant soit en hâtant le moment de leur apparition, ces observations, disons-nous, sont de nature à infirmer la rigueur des formules de Fliess et permettent, tout au moins, de révoquer en doute l'universalité des lois qu'il a formulées.

La manière dont la question de la durée de la vie et celle de la mort des organismes ont été traitées par A. Weismann nous intéresse au plus haut degré [1]. C'est lui qui a établi la distinction de la substance vivante en une partie mortelle et une partie immortelle, la première étant représentée par le corps au sens étroit du mot, par le soma, seul sujet à la mort naturelle, tandis que les cellules germinales seraient virtuellement immortelles, pour autant que capables, dans certaines conditions favorables, de se développer pour former un nouvel individu ou, pour nous exprimer autrement, de s'entourer d'un nouveau soma [2].

Ce qui nous frappe dans cette conception, c'est l'analogie inattendue qu'elle présente avec notre propre manière de voir obtenue par des moyens si différents. Weismann, qui envisage la substance vivante au point de vue morphologique, y distingue une partie qui est condamnée à mort, le soma, le corps abstrait de la substance génitale et héréditaire ; et une partie immortelle, le plasma germinatif qui sert à la conservation de l'espèce, à la procréation. En ce qui nous concerne, nous avons envisagé, non la substance vivante, mais les forces qui y sont à l'œuvre, et nous avons été amené à distinguer deux variétés d'instincts : ceux qui conduisent la vie à la mort et ceux, les instincts sexuels, qui cherchent sans cesse à renouveler la vie. Notre conception forme ainsi comme un corollaire dynamique de la théorie morphologique de Weismann.

Mais la manière dont Weismann résout le problème de la mort ne tarde pas à détruire cette analogie. D'après Weismann, en effet, la différenciation entre le soma mortel et le plasma germinatif immortel ne s'effectuerait que chez les organismes multicellulaires, tandis que chez les unicellulaires individu et cellule germinale ne formeraient qu'un tout indivisible [3]. Aussi les unicellulaires seraient-ils virtuellement immortels, la mort ne survenant que chez les multicellulaires, les métazoaires. Cette mort des êtres supérieurs serait d'ailleurs une mort naturelle, une mort par causes internes, mais elle ne reposerait pas sur une propriété originelle de la substance vivante [4] et ne saurait être considérée comme une nécessité absolue ayant ses raisons dans la nature et l'essence même de la vie [5]. La mort serait plutôt un phénomène d'opportunité, d'adaptation aux conditions extérieures de la vie, car à partir du moment où les cellules du corps sont divisées en soma et en plasma germinatif, la durée illimitée de la vie individuelle devient un luxe inutile. Avec l'apparition de cette différenciation chez les multicellulaires la mort est devenue possible et rationnelle. Depuis lors, le soma des êtres vivants supérieurs meurt, pour des raisons internes, à des époques déterminées, mais les protistes sont restés immortels. Quant à la procréation, elle ne serait pas consécutive à l'apparition de la mort, mais constituerait une propriété originelle de la matière vivante, tout comme la croissance dont elle serait le prolongement ; et la vie n'aurait pas subi la moindre solution de continuité depuis sa première apparition sur la terre [6].

Il est facile de voir qu'en attribuant une mort naturelle aux organismes supérieurs, la théorie de Weismann n'apporte pas un bien grand renfort à notre propre manière de voir. Si la mort n'est qu'une acquisition tardive des êtres vivants, les instincts tendant à la mort ne sauraient être contemporains de l'apparition de la vie sur la terre. Que les multicellulaires meurent pour des raisons internes, à cause de l'insuffisance de leur différenciation ou des imperfections de leur métabolisme : pour la question qui nous occupe, cela ne présente aucun intérêt. Convenons cependant qu'une pareille conception de la mort est beaucoup plus familière au mode de penser habituel des hommes que l'étrange hypothèse d'« instincts de la mort ».

La discussion à laquelle ont donné lieu les propositions de Weismann, n'ont, à mon avis, abouti à aucun résultat décisif [7]. Certains auteurs sont revenus au point de vue de Goethe (1883) qui voyait dans la mort une conséquence directe de la procréation. Hartmann, au lieu de caractériser la mort par la formation d'un « cadavre », d'une partie inanimée de substance vivante, la définit comme la « conclusion du développement individuel ». En ce sens, les protozoaires seraient également mortels, puisque la mort coïncide chez eux toujours avec la procréation ; mais elle est, pour ainsi dire, masquée par cette dernière, toute la substance de l'animal parent pouvant se transmettre directement aux individus jeunes.

Tout l'intérêt de la recherche s'est alors porté à soumettre à l'examen expérimental, sur des êtres unicellulaires, l'hypothèse de l'immortalité de la substance vivante. Un Américain, Woodruff, a entrepris la culture d'un infusoire cilié, en forme de « pantoufle », qui se propage en se divisant en deux individus, et il a pu suivre cette propagation jusqu'à la 3029e génération (il a interrompu spontanément ses expériences à ce moment-là) en isolant chaque fois et en plongeant dans l'eau fraîche un des individus de chaque nouveau couple. Or, le 3029e descendant de la série était aussi frais que le premier ancêtre, sans le moindre signe de sénescence ou de dégénérescence ; c'est ainsi, pour autant que ces nombres sont susceptibles de prouver quelque chose, que l'immortalité des protistes semble avoir été démontrée expérimentalement [8].

D'autres savants ont obtenu des résultats différents. Contrairement aux constatations faites par Woodruff, Maupas, Calkins et d'autres ont trouvé que même ces infusoires subissaient, après un certain nombre de divisions, un affaiblissement, devenaient plus petits, perdaient en partie leur organisation et mouraient, lorsqu'on ne les soumettait pas à certaines influences reconstituantes. C'est ainsi qu'après une phase de vieillissement les protozoaires mourraient tout comme les animaux supérieurs, ce qui serait en contradiction directe avec les affirmations de Weismann qui voit dans la mort une acquisition tardive des organismes vivants.

De l'ensemble de ces recherches nous relèverons deux faits qui semblent nous fournir un appui solide. Le premier fait est le suivant : si, à une époque où ils ne présentent encore aucune altération en rapport avec la vieillesse, les animalcules réussissent à se fondre ensemble, à « s'accoupler » (pour, au bout d'un certain temps, se séparer de nouveau), ils sont épargnés par la vieillesse, ils subissent un « rajeunissement ». Or, cette copulation peut bien être considérée comme le prototype de la procréation sexuelle, bien qu'elle n'ait encore rien à voir avec la multiplication de l'espèce et qu'elle consiste uniquement dans le mélange des substances des deux individus (amphimixie de Weismann). Mais l'action rajeunissante de la copulation peut être remplacée par celle de certaines irritations, de certaines modifications dans la composition du liquide nutritif, par l'élévation de la température, par des secousses. Nous rappellerons à ce propos les célèbres expériences de J. Loeb qui, en soumettant des oeufs d'oursin à certaines excitations chimiques, avait réussi à provoquer des processus de division qui, normalement, ne se produisent qu'à la suite de la fécondation.

Le deuxième des faits dont nous venons de parler est celui-ci : il est, malgré tout, probable que les infusoires meurent d'une mort naturelle et que celle-ci constitue la conclusion et l'aboutissement de leur processus vital. Les contradictions qui existent entre les résultats obtenus par Woodruff et ceux obtenus par d'autres auteurs tiennent, en effet, à ce que Woodruff plaçait chaque nouvelle génération dans un liquide nutritif frais. Toutes les fois qu'il avait négligé de le faire, il avait observé les mêmes altérations de la sénescence que celles constatées par d'autres auteurs. Il a conclu de ce fait que les produits métaboliques que les animalcules éliminent dans le liquide leur servant de milieu leur sont préjudiciables, et il a pu démontrer d'une façon irréfutable que ce sont seulement les produits de leur propre métabolisme qui exercent sur les générations cette action nocive. Dans une solution, en effet, saturée de produits de déchet provenant d'une autre espèce, suffisamment éloignée, les animalcules prospéraient admirablement, alors qu'ils périssaient immanquablement au milieu de leurs propres produits. Abandonné à lui-même, l'infusoire meurt donc d'une mort naturelle, par suite de l'élimination imparfaite de ses produits de désassimilation. Il se peut d'ailleurs qu'au fond tous les animaux supérieurs meurent par la même cause.

Ici nous sommes en droit de nous demander s'il était, d'une façon générale, bien indiqué de chercher la solution de la question relative à la mort naturelle dans l'étude des protozoaires. L'organisation primitive de ces êtres vivants est de nature à nous masquer certaines manifestations importantes dont les conditions existent bien chez eux, mais ne peuvent être observées que chez les animaux supérieurs chez lesquels elles ont revêtu une expression morphologique. Dès l'instant où nous abandonnons le point de vue morphologique, pour nous placer au point de vue dynamique, il nous importe peu de savoir si, chez les protozoaires, la mort naturelle se laisse ou non démontrer. Chez ces êtres la substance, dont le caractère d'immortalité s'est révélé plus tard, n'est pas encore séparée de la substance mortelle. Les forces qui poussent la vie vers la mort peuvent bien, chez eux aussi, être à l'œuvre dès le début, sans qu'on puisse démontrer directement leur présence, leurs effets étant masqués par les forces tendant à la conservation de la vie. Nous savons toutefois que les observations des biologistes nous autorisent, même en ce qui concerne les protistes, à admettre l'existence de processus internes conduisant à la mort. Mais alors même qu'il serait prouvé que les protistes sont immortels au sens weismannien du mot, son affirmation d'après laquelle la mort serait une acquisition tardive, ne s'appliquerait qu'aux signes manifestes de la mort, sans nous apprendre quoi que ce soit concernant les processus qui conduisent à la mort. Notre espoir de voir la biologie purement et simplement écarter la possibilité de l'existence d'instincts de la mort, ne s'est pas réalisé. Aussi pouvons-nous, surtout si nous y sommes encouragés par d'autres raisons, continuer à nous occuper de cette possibilité. Mais la frappante analogie qui existe entre la distinction weismannienne « soma-plasma germinatif » et notre distinction « instincts de vie-instincts de mort » subsiste et garde toute sa valeur.

Attardons-nous un instant à cette conception essentiellement dualiste de la vie instinctive. D'après la théorie d'E. Hering, deux groupes de processus opposés se dérouleraient dans la substance vivante : processus de construction (assimilation) et processus de destruction (désassimilation). Devons-nous identifier avec ces deux orientations des processus vitaux les activités opposées de nos deux ordres d'instincts : instincts de vie et instincts de mort ? Mais il est une chose que nous ne pouvons nous dissimuler : c'est que, sans nous en apercevoir, nous nous sommes engagés dans les havres de la philosophie schopenhauerienne, d'après laquelle la mort serait le « résultat proprement dit » et, pour autant, le but de la vie [9], tandis que l'instinct sexuel représenterait l'incarnation de la volonté de vivre.

Ayons le courage de faire un pas de plus. D'après la manière de voir généralement admise, la réunion d'un grand nombre de cellules en une association vitale, autrement dit, la structure multicellulaire des organismes, constituerait un moyen destiné à prolonger la durée de leur vie. Chaque cellule sert à entretenir la vie des autres, et l'état cellulaire peut continuer à vivre, malgré la mort de telles ou telles cellules. Nous savons également que la copulation, la fusion momentanée de deux êtres unicellulaires, agit sur l'un et l'autre dans le sens de la conservation et du rajeunissement. Aussi pourrait-on essayer d'appliquer la théorie psychanalytique de la libido aux rapports des cellules entre elles en disant que les instincts sexuels et les instincts de vie, à l'œuvre dans chaque cellule, s'exercent sur les autres cellules, en neutralisant en partie leurs instincts de mort, c'est-à-dire les processus provoqués par ces instincts, et en les maintenant en vie ; il s'agirait d'une action réciproque, en chaîne pour ainsi dire, certaines cellules pouvant pousser jusqu'au sacrifice d'elles-mêmes, l'exercice de cette fonction libidinale. Les cellules germinales feraient alors preuve d'un « narcissisme » absolu, pour employer l'expression dont nous nous servons dans la théorie des névroses, lorsque nous nous trouvons en présence d'un individu qui garde pour lui toute sa libido, sans vouloir en transférer la moindre partie sur un objet quelconque. Les cellules germinales ont besoin de leur libido, de l'activité de leurs instincts de vie, à titre de réserve à employer au cours de leur activité ultérieure, au plus haut degré constructive. Il se peut que les cellules des tumeurs malignes, si destructives pour l'organisme, soient narcissiques au même sens du mot. La pathologie se montre, en effet, disposée à considérer leurs germes comme innés et à leur attribuer des propriétés embryonnaires. C'est ainsi que la libido de nos instincts sexuels correspondrait à l'Éros des poètes et des philosophes, à l'Éros qui assure la cohésion de tout ce qui vit.

Arrivés à ce point, nous pouvons nous arrêter un instant, pour jeter un coup d'œil sur le lent développement de notre théorie de la libido. L'analyse des névroses de transfert nous avait tout d'abord mis en présence de l'opposition entre les « instincts sexuels », orientés vers l'objet, et d'autres dont nous n'avons pu discerner la nature exacte et que nous avons dénommés, provisoirement, « instincts du *Moi* ». Parmi ces instincts, nous avons discerné en premier lieu les instincts qui servent à la conservation de la vie. L'état de nos connaissances ne nous a pas permis de pousser les distinctions plus loin. Rien ne pouvait nous aider autant à fonder une psychologie exacte qu'une connaissance approximative de la nature commune des instincts et de leurs particularités éventuelles. Mais, sous ce rapport, on piétinait sur place et en pleine obscurité. Chacun distinguait autant d'instincts ou d'« instincts fondamentaux » qu'il voulait et jonglait avec eux comme les philosophes de la nature de la Grèce antique jonglaient avec les quatre éléments : eau, terre, feu et air. La psychanalyse qui, à son tour, ne pouvait se soustraire à une hypothèse quelconque sur les instincts, s'en était tenue à la distinction courante, caractérisée par l'expression « faim et amour ». En le faisant, elle ne se rendait du moins coupable d'aucun acte arbitraire et, en se servant de cette distinction, elle a réussi à pousser assez loin l'analyse des psychonévroses. Il va sans dire toutefois qu'elle a été obligée d'élargir la notion de « sexualité » (et, par conséquent, celle d'instinct sexuel), jusqu'à y faire rentrer tout ce qui ne faisait pas partie de la fonction procréatrice proprement dite, à la grande indignation des rigoristes, distingués ou tout simplement hypocrites.

La psychanalyse fit un pas de plus, lorsqu'elle put aborder le *Moi* psychologique qu'elle ne connaissait jusqu'alors qu'en sa qualité d'instance capable seulement de refouler, de censurer, d'édifier des ouvrages de défense et des formations réactionnelles. Des hommes perspicaces et doués d'esprit critique avaient, il est vrai, depuis longtemps élevé des objections contre l'application trop étroite de la notion de la libido à l'énergie des instincts sexuels orientés vers l'objet. Mais ils ont négligé de nous indiquer la source à laquelle ils ont puisé leurs meilleures informations et n'ont pas su tirer de celles-ci des conclusions que l'analyse pût utiliser. En avançant avec plus de précaution, l'observation psychanalytique a été frappée par la fréquence des cas dans lesquels la libido se retire de l'objet pour se diriger vers le *moi* (intraversion) ; et en étudiant l'évolution de la libido infantile à ses phases les plus primitives, elle a pu s'assurer que c'est le *moi* qui constitue le réservoir primitif et proprement dit de la libido, que c'est en partant du m*oi* qu'elle se propage à l'objet. C'est ainsi que le *moi* avait pris rang parmi les objets sexuels et n'avait pas tardé à être reconnu comme le plus important de ces objets. La libido concentrée sur le *moi* avait reçu le nom de *narcissique* [10].

Cette libido narcissique était naturellement, et en même temps, une manifestation des instincts sexuels, au sens analytique du mot, instincts qu'on a été obligé d'identifier avec les « instincts de conservation » dont on avait, dès le début, admis l'existence. L'opposition primitive entre instincts du *moi* et instincts sexuels était ainsi devenue insuffisante. Parmi les instincts du *moi,* certains se sont révélés comme étant de nature libidinale ; on a constaté que des instincts sexuels étaient à l'œuvre dans le *moi,* à côté d'autres instincts probablement ; et cependant, on est toujours en droit d'affirmer que l'ancienne formule, d'après laquelle les psychonévroses reposeraient sur un conflit entre les instincts du *moi* et les instincts sexuels, ne contient rien qui soit à rejeter aujourd'hui. Le seul changement qui se soit produit consiste en ce que la différence entre ces deux groupes d'instincts, qui était considérée au début comme étant plus ou moins qualitative, est considérée aujourd'hui comme étant une différence *topique.* Et c'est plus particulièrement la névrose de transfert, objet d'étude spécial de la psychanalyse, qui se révèle comme le résultat d'un conflit entre le *moi* et les charges libidinales des objets.

Nous devons maintenant insister d'autant plus sur le caractère libidinal des instincts de conservation que nous n'avons pas hésité à identifier l'instinct sexuel avec l'Éros qui assure la conservation et la persistance de tout ce qui est vivant, et à faire dériver la libido du *moi* des charges libidinales à la faveur desquelles se maintient la cohésion des cellules somatiques. Et voilà que nous nous trouvons soudain devant la question suivante : si les instincts de conservation sont également de nature libidinale, il en résulterait peut-être qu'il n'existe pas d'autres instincts que les libidinaux. Toujours est-il que nous n'en voyons pas d'autres. On est alors obligé de reconnaître que les critiques avaient raison, aussi bien en prétendant, comme le faisaient les plus anciens, que la psychanalyse cherchait à tout expliquer par la sexualité, qu'en procédant comme les critiques les plus récents, Jung entre autres, qui n'hésitent pas à dire « libido » toutes les fois qu'il s'agit d'instincts. Que doit-on penser ?

Un pareil résultat n'était pas du tout conforme à nos intentions. Nous avons plutôt commencé par une séparation nette et tranchée entre instincts du *moi* = instincts de mort, et instincts sexuels = instincts de vie. Nous étions même disposés à ranger parmi les instincts de mort les instincts dits de conservation, mais, à la réflexion, nous avons cru devoir nous en abstenir. Notre conception était dualiste dès le début et elle l'est encore davantage aujourd'hui, depuis que nous avons substitué à l'opposition entre les instincts du *moi* et les instincts primitifs celle entre les instincts de vie et les instincts de mort. La théorie de Jung, au contraire, est une théorie moniste ; en donnant le nom de libido à la seule force instinctive qu'il admet, il a bien pu créer une certaine confusion, mais ce fait n'est pas de nature à nous troubler. Nous soupçonnons que d'autres instincts que les instincts de conservation libidinaux sont à l'œuvre dans le *moi*, et nous voudrions être à même d'en démontrer l'existence. Nous regrettons que l'analyse ne soit pas encore suffisamment avancée pour nous faciliter cette démonstration. Les instincts libidinaux du *moi* peuvent, d'ailleurs, affecter une combinaison particulière avec les autres instincts du *moi* que nous ignorons encore. Avant même que fût découvert le narcissisme, la psychanalyse avait soupçonné l'existence d'éléments libidinaux dans les « instincts du *moi* ». Mais ce sont là des possibilités incertaines, dont les adversaires ne tiennent guère compte. Il est regrettable que l'analyse ne nous ait permis de démontrer jusqu'à présent que l'existence d'instincts libidinaux. Nous nous garderons cependant bien d'en conclure qu'il n'en existe pas d'autres.

Étant donnée l'obscurité qui règne aujourd'hui dans la théorie des instincts, nous aurions tort de repousser la moindre indication contenant une promesse d'explication. Nous avons pris pour point de départ l'opposition entre les instincts de vie et les instincts de mort. L'amour concentré : amour proprement dit (tendresse) et haine (agression). Si seulement nous pouvions réussir à établir un rapport entre ces deux polarités, à ramener l'une à l'autre ! Nous avons toujours affirmé que l'instinct sexuel contenait un élément sadique [11], et nous savons que cet élément peut se rendre indépendant et, sous la forme d'une perversion, s'emparer de toute la vie sexuelle de la personne. Il apparaît également à titre d'instinct partiel dominant, dans l'une de ces organisations que j'ai appelées « prégénitales ». Or, comment déduirions-nous de l'Éros, dont la fonction consiste à conserver et à entretenir la vie, cette tendance sadique à nuire à l'objet ? Ne sommes-nous pas autorisés à admettre que ce sadisme n'est, à proprement parler, qu'un instinct de mort que la libido narcissique a détaché du *moi* et qui ne trouve à s'exercer que sur l'objet ? Il se mettrait alors au service la fonction sexuelle ; dans la phase d'organisation orale de la libido, la possession amoureuse coïncide avec la destruction de l'objet ; plus tard, la tendance sadique devient autonome et, finalement, dans la phase génitale proprement dite, alors que la procréation devient l'objectif principal de l'amour, la tendance sadique pousse l'individu à s'emparer de l'objet sexuel et à le dominer dans la mesure compatible avec l'accomplissement de l'acte sexuel. On pourrait même dire que le sadisme, en se dégageant du *moi*, a montré aux éléments libidinaux du *moi* le chemin qu'ils avaient à suivre ; plus tard, ces éléments cherchent à pénétrer dans l'objet même. Dans les cas où le sadisme primitif n'a subi aucune atténuation et est resté pur de tout mélange, nous assistons à l'ambivalence « amour-haine » qui caractérise tant de vies amoureuses.

S'il était permis d'adopter une pareille hypothèse, nous n'aurions pas besoin de chercher un autre exemple d'instincts de mort : nous nous trouverions en présence d'un de ces instincts, quelque peu déplacé, il est vrai. Mais cette hypothèse a le défaut d'être dépourvue de tout caractère concret et même de donner l'impression d'une conception mystique. En la formulant et en l'adoptant, nous laissons soupçonner que nous cherchons à sortir à tout prix d'un grand embarras. Nous pouvons cependant invoquer une excuse, en disant que l'hypothèse en question n'est pas nouvelle, que nous l'avons déjà formulée précédemment, alors qu'il ne pouvait pas encore être question d'embarras. L'observation clinique nous avait autrefois imposé une manière de voir d'après laquelle le masochisme, instinct partiel complémentaire du sadisme, serait du sadisme retourné contre le *moi* [12]. Mais le retour de la tendance de l'objet vers le *moi* ne diffère pas, en principe, de son orientation du *moi* vers l'objet, orientation qui nous apparaît ici comme un fait nouveau. Le masochisme, l'orientation de la tendance vers le *moi*, ne serait alors en réalité qu'un retour à une phase antérieure de cette tendance, une régression. Sur un seul point, la définition du masochisme que j'ai donnée alors me parait comme trop exclusive et ayant besoin d'une correction : le masochisme peut notamment être primaire, possibilité que j'avais cru devoir contester jadis [13].

Mais revenons aux instincts tendant à la conservation de la vie. Les recherches sur les protistes nous avaient déjà montré que la fusion de deux individus, sans division consécutive, autrement dit la copulation, avec séparation consécutive des deux individus, exerce sur l'un et sur l'autre une action reconstituante et rajeunissante (voir plus haut, travaux cités de Lipschütz). Ces individus ne présentent, dans les générations ultérieures, aucun signe de dégénérescence et semblent capables de résister plus longtemps à l'action nocive des produits de leur propre métabolisme. J'estime que cette observation nous offre le prototype de ce qui doit être considéré comme l'effet probable de l'union sexuelle. Mais par quel moyen la fusion de deux cellules peu différentes l'une de l'autre produirait-elle une pareille rénovation de la vie ? Les tentatives faites pour remplacer la copulation des protozoaires par des irritations chimiques, voire mécaniques, nous fournissent à cette question une réponse certaine : cette rénovation s'effectue à la faveur de l'afflux de nouvelles quantités d'excitations. Mais ceci s'accorde fort bien avec l'hypothèse que le processus vital de l'individu tend, pour des raisons internes, à l'égalisation des tensions chimiques, c'est-à-dire à la mort, alors que son union avec une autre substance vivante, individuellement différente, augmenterait ces tensions, introduirait, pour ainsi dire, de nouvelles différences vitales qui se traduiraient pour la vie par une nouvelle durée. Il doit naturellement y avoir un optimum ou plusieurs optima pour les différences existant entre les individus qui s'unissent, pour que leur union aboutisse au résultat voulu, c'est-à-dire au rajeunissement, au prolongement de la durée de la vie. La conviction que nous avons acquise que la vie psychique, peut-être la vie nerveuse en général, est dominée par la tendance à l'abaissement, à l'invariation, à la suppression de la tension interne provoquée par les excitations (par le principe du Nirvana, pour nous servir de l'expression de Barbara Low), cette conviction, disons-nous, constitue une des plus puissantes raisons qui nous font croire à l'existence d'instincts de mort.

Mais ce qui affaiblit sensiblement notre raisonnement, c'est le fait que nous n'avons pas pu déceler dans l'instinct sexuel cette tendance à la répétition dont la découverte nous a permis de conclure à l'existence d'instincts de mort. Certes, les processus de développement embryonnaire abondent en répétitions de ce genre, les deux cellules germinales qui participent à la procréation sexuelle et leur évolution vitale ne font que répéter, reproduire, récapituler les débuts et les origines de la vie organique ; mais l'essence même des processus rattachant à l'instinct sexuel n'en est pas moins représentée par la fusion de deux corps cellulaires. C'est seulement grâce à cette fusion que se trouve assurée, chez les êtres supérieurs, l'immortalité de la substance vivante.

En d'autres termes : nous voudrions être renseignés sur le mode d'apparition de la procréation sexuelle et sur l'origine des instincts sexuels en général, problème qui est de nature à effrayer le profane et que les spécialistes eux-mêmes n'ont pas été encore capables de résoudre. Aussi allons-nous, aussi rapidement et brièvement que possible, essayer de dégager, des données et des opinions contradictoires se rapportant à ce sujet, celles qui se laissent rattacher à notre propre manière de voir.

Les uns dépouillent le problème de la procréation de son charme mystérieux, en proclamant que la procréation ne représente qu'une des manifestations de la croissance (multiplication par division, par bourgeonnement, etc.). Si l'on s'en tient à la conception terre-à-terre de Darwin, on pourrait expliquer l'apparition du mode de procréation à l'aide de deux cellules germinales sexuellement différenciées, en disant que la copulation tout à fait accidentelle de deux protistes s'étant montrée, sous certains rapports, avantageuse pour l'espèce, l'amphimixie a été retenue par les générations suivantes et poussée jusqu'à ses dernières conséquences [14]. Le « sexe » ne serait donc pas un phénomène bien ancien, et les instincts extraordinairement puissants qui poussent à l'union sexuelle ne feraient que répéter, reproduire quelque chose qui se serait produit une fois accidentellement et aurait été ensuite fixé et perpétué à cause des avantages qui s'y rattachaient.

À ce propos, comme à propos de la mort, il est permis de se demander si l'on ne doit attribuer aux protistes que leurs propriétés manifestes et visibles et si les forces et les processus dont l'action ne devient évidente que chez les êtres vivants supérieurs n'ont vraiment pris naissance que chez ceux-ci. La conception de la sexualité que nous avons mentionnée plus haut n'est pas d'une grande utilité pour le but que nous recherchons. On pourrait lui objecter qu'elle suppose l'existence des instincts de vie même chez les êtres les plus rudimentaires, car s'il en était autrement, c'est-à-dire si les instincts de vie n'existaient pas chez ces êtres, la copulation, qui est en opposition avec le cours naturel de la vie et éloigne le moment de la mort, aurait été évitée, et non maintenue et développée. Si donc on ne veut pas renoncer à l'hypothèse des instincts de mort, on est obligé de lui associer dès le début celle des instincts de vie. Mais, alors, on se trouve, il faut l'avouer, en présence d'une hypothèse à deux inconnues. Ce que la science nous apprend relativement à la naissance de la sexualité représente si peu de choses qu'on peut comparer ce problème à des ténèbres qu'aucune hypothèse n'a encore réussi à percer de son rayon de lumière.

C'est dans un domaine tout à fait différent que nous rencontrons une hypothèse de ce genre, mais elle est d'un caractère tellement fantaisiste, un mythe plutôt qu'une explication scientifique, que je n'oserais pas la citer ici, si elle ne satisfait précisément à une condition que nous cherchons à remplir. Elle fait notamment dériver un instinct *du besoin de rétablissement d'un état antérieur.*

Je pense notamment à la théorie que, dans le *Banquet,* Platon développe par la bouche d'Aristophane et qui traite non seulement de l'origine de l'instinct sexuel, mais aussi de l'une de ses plus importantes variations par rapport à l'objet :

« Jadis, la nature humaine n'était pas ce qu'elle est aujourd'hui ; elle était bien différente. L'humanité se divisait en premier lieu en trois espèces d'hommes, et non en deux, comme présentement. Avec les sexes mâle et femelle, il en était un troisième qui participait des deux... Cette espèce s'appelait alors Androgyne... Le corps de chacun de ces Androgynes était d'apparence arrondie. Ils avaient en cercle le dos et les côtes ; ils possédaient quatre mains, des jambes en nombre égal aux mains, deux visages parfaitement semblables... deux organes générateurs, etc. Zeus coupa les Androgynes en deux, de la même façon dont, pour les mettre en conserves, on coupe en deux les cormes...

... Cette division étant faite, chaque moitié désirait s'unir à son autre moitié. Lorsqu'elles se rencontraient, elles s'enlaçaient de leurs bras et s'étreignaient si fort que, dans le désir de se refondre, elles se laissaient ainsi mourir de faim et d'inertie, car elles ne voulaient rien l'une sans l'autre entreprendre [15] ». (Platon, *Le Banquet ou l'Amour,* traduction française de Mario Meunier).

Devons-nous suivre l'invitation du philosophe-poète et oser l'hypothèse d'après laquelle la substance vivante, une et indivisible avant d'avoir reçu le principe de vie, se serait, une fois animée, divisée en une multitude de petites particules qui, depuis, cherchent à se réunir de nouveau, sous la poussée des tendances sexuelles ? Et que ces tendances, qui expriment à leur façon l'affinité chimique de la matière inanimée, se poursuivent à travers le règne, des protistes et surmontent peu à peu les difficultés qu'un milieu chargé d'excitations mortelles oppose à leurs manifestations en les obligeant à s'entourer d'une couche corticale protectrice ? Devons-nous supposer, en outre, que ces particules de la substance vivante, ainsi séparées les unes des autres, finissent, dans leur désir de se retrouver, par réaliser la pluri-cellularité, pour finalement localiser ce désir de réunion, poussé au plus haut degré de concentration, dans les cellules germinales ? Je crois que le mieux que nous ayons à faire, c'est de laisser ces questions sans réponse et de nous en tenir là de nos spéculations.

Ajoutons cependant quelques mots de commentaire critique. On pourrait me demander si et dans quelle mesure j'adhère moi-même à ces hypothèses. À cela je répondrai : je n'y adhère pas plus que je ne cherche à obtenir pour elles l'adhésion, la croyance des autres. Ou, plus exactement : que je ne saurais dire moi-même dans quelle mesure j'y crois. Il me semble qu'on ne doit pas faire intervenir en cette occasion le facteur affectif. On peut s'abandonner à un raisonnement, en suivre le déroulement jusqu'à l'extrême limite, et cela uniquement par curiosité scientifique ou, si l'on préfère, en avocat du diable, sans pour cela se donner au diable. Je reconnais que la troisième étape de la théorie des instincts, dans laquelle je m'engage ici, ne peut pas prétendre à la même certitude que les deux premières, c'est-à-dire l'élargissement de la notion de sexualité et la constatation du narcissisme. Dans ces deux derniers cas, nous n'avons fait que donner une traduction théorique de l'observation, traduction qui pouvait bien être entachée d'erreurs, lesquelles, dans une certaine mesure, ne dépassent pas celle qui s'observe dans la moyenne des cas. Certes, la théorie du caractère *régressif* des instincts repose, elle aussi, sur des matériaux fournis par l'observation, et notamment sur les faits se rattachant à la tendance à la répétition. Mais il se peut que j'aie exagéré la valeur et l'importance de ces matériaux et de ces faits. Il convient toutefois de faire remarquer que l'idée que nous avons essayé de présenter ici ne laisse pas développer autrement qu'en greffant des hypothèses sur les faits et en s'écartant ainsi, plus souvent qu'on ne le voudrait, de l'observation proprement dite. On sait que les résultats qu'on obtient de la sorte sont d'autant moins certains qu'on recourt plus souvent à ce procédé, sans qu'on puisse indiquer avec précision le degré de l'incertitude. Dans les travaux de ce genre je ne me fie pas beaucoup à ce qu'on appelle l'intuition ; pour autant que je puisse juger, l'intuition m'apparaît plutôt comme l'effet d'une certaine impartialité de l'intellect. Malheureusement, on n'est pas souvent impartial, lorsqu'on se trouve en présence des choses dernières, des grands problèmes de la science et de la vie. Je crois que dans ce cas chacun est dominé par des préférences ayant des racines très profondes et qui, sans qu'il s'en doute, dirigent et inspirent ses spéculations. En présence de toutes ces raisons de se méfier, il ne reste à chacun de nous qu'à adopter une attitude de calme bienveillance à l'égard de ses propres efforts intellectuels. Et je m'empresse d'ajouter que cette attitude critique à l'égard de soi-même ne comporte nullement une tolérance particulière et voulue à l'égard d'opinions divergentes. On doit repousser impitoyablement les théories qui se trouvent en contradiction avec l'analyse la plus élémentaire de l'observation, et cela tout en sachant que la théorie qu'on professe soi-même ne peut prétendre qu'à une exactitude provisoire. Pour porter un jugement sur nos spéculations relatives aux instincts de vie et aux instincts de mort, on ne doit pas se laisser troubler par les processus étranges et ne se prêtant pas à une description concrète dont nous parlons, tels que le refoulement d'un instinct par un autre ou le déplacement d'un instinct qui, abandonnant le *moi*, se dirige vers l'objet. C'est que nous sommes obligés de travailler avec les termes scientifiques, c'est-à-dire avec le langage imagé de la psychologie elle-même (ou, plus exactement, de la psychologie des profondeurs). Sans le secours de ces termes et de ce langage, nous serions tout à fait incapables de décrire ces processus, voire de nous les représenter. Sans doute, les défauts de notre description disparaîtraient, si nous pouvions substituer aux termes psychologiques des termes physiologiques et chimiques. Ceux-ci font certes également partie d'une langue imagée, mais d'une langue qui nous est familière depuis plus longtemps et est peut-être plus simple.

En revanche, nous devons bien nous rendre compte que ce qui augmente dans une mesure considérable l'incertitude de nos spéculations, ce sont les emprunts que nous sommes obligés de faire à la science biologique. Il est vrai que la biologie est le domaine de possibilités indéfinies, une science dont nous sommes en droit d'attendre les explications les plus étonnantes, sans que nous puissions prévoir les réponses qu'elle pourra donner dans quelques dizaines d'années aux questions que nous posons. Ces réponses seront peut-être telles que tout notre édifice artificiel d'hypothèses s'écroulera comme un château de cartes. Mais s'il en est ainsi, serait-on tenté de nous demander, à quoi bon entreprendre des travaux dans le genre de celui-ci et les livrer à la publicité ? Eh bien ! je suis obligé d'avouer que quelques-uns des enchaînements, rapports et analogies établis ici m'ont paru dignes d'attention [16].

---

1. *Ueber die Dauer des Lebens, 1882; Ueber Leben und Tod, 18 82 ; Das Kleimplasma, etc.*
2. *Ueber Leben und Tod,* 2e édit., 1892, p. 20.
3. *Dauer des Lebens,* p. 38.

4. *Leben und Tod,* 2e édit., p. 67.
5. *Dauer des Lebens,* p. 33.
6. *Ueber Leben und Tod,* conclusion.
7. *Cf.* Max Hartmann, *Tod und Fortpflanzung,* 1906; Alex. Lipschütz, *Warum wir sterben,* « Kosmosbücher », 1914; Franz Doflein, *Das Problem des Todes und der Unsterblichkeit bei den Pflanzen und Tieren,* 1909.
8. Voir sur ce point et pour les considérations qui suivent, Lipschütz, *op. cit.* pp. 26, 52 et suiv.
9. *Ueber die anscheinende Absichtlickeit im Schicksale des Einzelnen,* Grossherzog Wilhelm-ErnstAusgabe, Vol. IV, p. 268.
10. *Zur Einführung des Narzissmus.* «Jahrbuch der Psychoanalyse », V, 1914, et « Sammlung Kleiner Schriften zur Neurosenlehre » IVe Série, 1918.
11. *Trois Essais sur la théorie de la sexualité.*
12. Cf. *Sexualtheorie.* 48 édit., 1920, et *Triebe und Triebschicksale* dans « Sammlung Kleiner Schriften zur Neurosenlehre », IVe Série.
13. Dans un travail plein d'intérêt et d'idées, mais qui, malheureusement, me parait manquer de clarté, Sabina Spielrein a repris une grande partie de ces spéculations. Elle donne à l'élément sadique de l'instinct sexuel le nom de « destructeur » (Die *Destruktion als Ursache des Werdens,* « Jahrbuch für Psychoanalyse », IV. 1912). En suivant une voie différente, A. Stärcke *(Inleiding by de vertaling von S. Freud, De sexuele beschavingsmoral,* etc. 1914) s'est attaché à identifier la notion de la libido avec l'instinct de la mort (voir également Rank, *Der Kunstler). Tous* ces efforts, comme ceux que nous faisons nous-même, tendent à combler une lacune, répondent au besoin d'une explication qui fait encore défaut.
14. Weismann nie même cet avantage *(Das Keimplasma,* 1892*): «* La fécondation ne signifie nullement un rajeunissement ou une rénovation de la durée de la vie ; elle n'est nullement indispensable à la prolongation de la vie ; elle a uniquement pour fonction de rendre possible le mélange de deux tendances héréditaires différentes. » Cela ne l'empêche pas de voir dans l'augmentation de la variabilité des êtres vivants un des effets de ce mélange.
15. Je suis redevable au professeur H. Gomperz (Vienne) des indications suivantes relatives à l'origine du mythe platonicien, indications que je reproduis, en me servant en partie de ses propres termes. J'attirerai l'attention sur le fait qu'on retrouve déjà cette théorie, du moins dans ses traits essentiels, dans les *Upanishads.* On lit, en effet, dans *Brihad-Aranyaka-Upanishad, 1, 4.* 3 (voir Deussen, *60 Upanishads des Vedas,* p. 393) où est décrite la façon dont le monde était né de l'Atman (du *moi*) : «... Mais il (l'Atman ou le *moi*) n'éprouvait lui-même aucune joie ; et il n'éprouve aucune joie, parce qu'il est seul. Et il fut pris du désir d'avoir un second. Il était, en effet, grand comme un homme et une femme lorsqu'ils sont enlacés, il divisa son moi en deux parties : ainsi prirent naissance époux et épouse. C'est pourquoi le corps du moi ressemble à une moitié : telle est, en effet, l'explication donnée par Yajnavalkya. Et c'est pourquoi l'espace devenu vide est rempli par la femme. »

   L'Upanishad *Brihad-Aranyaka* est la plus ancienne de toutes les Upanishads, dont aucun chercheur compétent ne fait remonter l'origine à une époque antérieure à l'année 800 av. J.-C. Contrairement à l'opinion courante, je suis disposé à admettre que Platon avait subi, indirectement du moins, l'influence des idées hindoues, et je m'y sens d'autant plus autorisé qu'en ce qui concerne la théorie de la métempsychose, cette influence n'est guère contestable. Cette influence que Platon a pu subir, en grande partie par l'intermédiaire des Pythagoriciens, n'exclut pas une certaine sympathie intellectuelle, à la faveur de laquelle les mêmes enchaînements d'idées ont pu naître dans le cerveau de Platon et dans l'esprit des philosophes hindous. Il est à supposer, en effet, que Platon n'aurait pas adopté une pareille histoire, transmise par la tradition orientale, et surtout n'en aurait pas fait si grand cas, si elle ne l'avait frappé comme quelque chose de familier, s'il ne s'était pas senti illuminé par sa vérité.

Dans un article Intitulé *Menschen und Wellenwerden* (« Neue Jahrbücher für das Klassische Altertum », vol. 31, pp. 592 et suiv., 1913) et consacré à la recherche des origines de l'idée en question et de ses destinées historiques avant Platon, K. Ziegler croit pouvoir la ramener à des représentations babyloniennes.

16. J'ajouterai quelques mots destinés à expliquer notre terminologie qui, au cours de ces considérations, a subi un certain développement. Pour ce qui est des « instincts sexuels », nous savions ce qu'ils sont dans leurs rapports avec les sexes et la fonction de la procréation. Nous avions conservé ce terme, après même que les données de la psychanalyse nous eurent obligé de relâcher leurs rapports avec la fonction de la procréation. Avec la découverte de la libido narcissique et avec l'extension de la notion de la libido à chaque cellule particulière, l'instinct sexuel est devenu l'Éros qui cherche à réunir les parties de la substance vivante, à maintenir leur cohésion ; et c'est alors que ce qu'on appelle vulgairement les instincts sexuels nous est apparu comme étant celle des parties de cet Éros qui est tournée vers l'objet. Notre spéculation conçoit alors cet Éros comme exerçant son action dès l'origine et comme s'opposant, à partir du moment où la substance vivante était devenue animée, à I'~ instinct de mort », en tant qu' « instinct de vie ». Elle cherche à résoudre l'énigme de la vie par la lutte de ces deux Instincts, lutte qui avait commencé dès l'aube de la vie et qui dure toujours. Moins claire est peut-être la transformation qu'a subi la notion « instincts du moi ~. Primitivement, nous désignions par ce terme toutes les tendances instinctives qui nous étaient peu connues et qui se laissaient séparer des instincts sexuels dirigés vers l'objet, et nous les opposions à ces derniers, qui ont leur expression dans la libido. Mais à mesure que nous approfondissions l'analyse du *Moi,* nous nous rendions compte que certains « Instincts du *Moi* » sont également de nature libidineuse et ont pour objet le *Moi.* Ces instincts de conservation, de nature narcissique, devaient donc être rangés parmi les instincts sexuels, de nature libidineuse. L'opposition entre instincts sexuels et instincts du Moi se transforma ainsi en une opposition entre instincts du *Moi* et instincts orientés vers les objets, les uns et les autres de nature libidineuse. Mais alors apparut une nouvelle opposition, celle entre les instincts libidinaux (dirigés vers le Moi et vers les objets) et les autres qui doivent être attribués au Moi et font peut-être partie des instincts de destruction. La spéculation fait de cette dernière opposition une opposition entre les instincts de vie et les instincts de mort (Éros).

CHAPITRE 7

PRINCIPE DU PLAISIR ET INSTINCTS DE MORT

Si les instincts ont vraiment pour caractère commun la tendance au rétablissement d'un état antérieur, nous ne devons pas trouver étonnant que, parmi les processus qui se déroulent dans la vie psychique, il y en ait un grand nombre qui sont indépendants du principe du plaisir. Ce caractère commun ne peut que s'étendre à chacun des instincts partiels qui, sous son influence, cherchera à son tour à revenir à une certaine étape de son évolution antérieure. Mais toutes ces manifestations, bien que soustraites à l'empire du principe du plaisir, ne devaient pas nécessairement se mettre en opposition, de sorte que le problème des rapports existant entre les processus de répétition instinctifs et la domination du principe du plaisir reste encore irrésolu.

Nous avons vu qu'une des fonctions les plus anciennes et les plus importantes de l'appareil psychique consistait à « lier » les impulsions instinctives, à mesure qu'elles affluaient, à remplacer le processus primaire auquel elles sont subordonnées par le processus secondaire, à transformer leurs charges énergétiques libres et mobiles en charges immobiles (toniques). Que toutes ces transformations puissent ou non s'accompagner du sentiment de déplaisir, c'est là un fait qui n'entre pas en considération ; on doit dire cependant que le principe du plaisir ne se trouve nullement atteint par elles, qu'elles s'accomplissent plutôt au profit de ce principe. La « liaison » est un acte destiné à préparer et à affermir la domination du principe du plaisir.

Opérons entre fonction et tendance une distinction plus tranchée que celle que nous avons faite jusqu'à présent. Nous dirons alors que le principe du plaisir est une tendance au service d'une fonction destinée à rendre l'appareil psychique, en général, inexcitable ou, tout au moins, à y maintenir l'excitation à un niveau constant et aussi bas que possible. Il nous est encore impossible de faire un choix définitif entre ces conceptions, mais nous noterons que cette fonction, ainsi définie, participerait de la tendance la plus générale de tout ce qui est vivant, de la tendance à se replonger dans le repos du monde inorganique. Nous savons tous par expérience que le plaisir le plus intense auquel nous puissions atteindre, celui que nous procure l'acte sexuel, coïncide avec l'extinction momentanée d'une excitation à haute tension. Mais la liaison de l'impulsion instinctive serait une fonction préparatoire, créant à l'excitation la possibilité de se résoudre définitivement dans le plaisir de décharge.

À ce propos, il est encore permis de se demander si les sensations de plaisir et de déplaisir peuvent être produites aussi bien par des excitations liées que par des excitations non liées. Or, il paraît tout à fait incontestable que les processus non liés, c'est-à-dire primaires, sont capables d'engendrer, aussi bien du côté du plaisir que du côté du déplaisir, des sensations beaucoup plus fortes que celles engendrées par les processus liés, secondaires. Les processus primaires sont également antérieurs aux secondaires, car à l'origine il n'en existe pas d'autres, et nous sommes en droit de conclure que si le principe du plaisir n'y avait été à l'œuvre, il n'aurait jamais pu se manifester ultérieurement. Nous arrivons ainsi, en dernière analyse, à un résultat qui est loin d'être simple, à savoir qu'à l'origine de la vie psychique la tendance au plaisir se manifeste avec beaucoup plus d'intensité que plus tard, mais d'une façon moins illimitée, avec de fréquentes interruptions et de nombreux arrêts. À des périodes plus avancées, plus mûres, la domination du principe du plaisir est bien mieux assurée, mais pas plus que les autres tendances et penchants, ceux qui se rattachent à ce principe n'ont réussi à échapper à la liaison. Quoi qu'il en soit, le facteur qui, dans les processus d'excitation, donne naissance au plaisir et au déplaisir doit exister aussi bien dans les processus secondaires que dans les primaires.

Ici il y aurait lieu d'inaugurer une nouvelle série d'études. Notre conscience nous amène du dedans non seulement les sensations de plaisir et de déplaisir, mais aussi celles d'une tension particulière qui, à leur tour, peuvent être agréables ou désagréables. Ces dernières sensations seraient-elles de nature à nous permettre de distinguer entre processus énergétiques liés et non liés, ou bien la sensation de tension serait-elle en rapport avec la grandeur absolue, éventuellement avec le niveau de la charge, tandis que les sensations de plaisir et de déplaisir proprement dites se rapporteraient aux modifications que subit la grandeur de la charge dans une unité de temps ? Il est en outre un fait remarquable et méritant d'être signalé, à savoir que les instincts de vie présentent des rapports d'autant plus étroits avec nos sensations internes qu'ils se présentent toujours en trouble-paix, qu'ils sont une source inépuisable de tensions incessantes dont la résolution est accompagnée d'une sensation de plaisir, tandis que les instincts de mort semblent travailler en silence, accomplir une œuvre souterraine, inaperçue. Or, il semble précisément que le principe du plaisir soit au service des instincts de mort ; il veille d'ailleurs aussi bien aux excitations de provenance extérieure qui représentent des dangers pour les deux groupes d'instincts ; mais il a plus particulièrement pour tâche de parer aux augmentations d'intensité que peuvent subir les excitations internes et qui sont de nature à rendre plus difficile l'accomplissement de la tâche vitale. Nombreuses sont les questions qui se rattachent à ce sujet et auxquelles il est encore impossible de répondre. Il convient d'être patient et d'attendre qu'on soit en possession de nouveaux moyens de recherche, de nouvelles occasions d'études. Mais il faut aussi être prêt à abandonner une voie qu'on a suivie pendant quelque temps, dès qu'on s'aperçoit qu'elle ne peut conduire à rien de bon. Seuls les croyants qui demandent à la science de leur remplacer le catéchisme auquel ils ont renoncé, verront d'un mauvais œil qu'un savant poursuive et développe ou même qu'il modifie ses idées. C'est à un poète que nous nous adressons pour trouver une consolation de la lenteur avec laquelle s'accomplissent les progrès de notre connaissance scientifique :

> *« Was man nicht erfliegen kann, muss man erhinken*
> —
> *Die Schrift sagt, es ist keine Sünde zu hinken. »*
> *« Ce à quoi on ne peut atteindre en volant, il faut y atteindre en boitant...*
> *Il est dit dans l'Écriture que boiter n'est pas un péché »* [1].

1. Rückert, *Makamen des Hariri.*

~

La psychanalyse fait-elle autre chose que confirmer la vieille maxime de Platon que les bons sont ceux qui se contentent de rêver ce que les autres, les méchants, font en réalité ?

Sigmund Freud by Max Halberstadt

www.ingramcontent.com/pod-product-compliance
Lightning Source LLC
LaVergne TN
LVHW101916190826
846094LV00002B/26

* 9 7 8 2 3 8 4 5 5 2 6 8 9 *